기초 튼튼 실력 빵빵 시리즈

어휘력과 맞춤법을 한 번에 잡는
교과서 낱말 퍼즐

1단계

책읽는달

이 책의 구성과 활용법

퍼즐 문제 풀기
국어, 수학 등 초등학교 1학년~3학년 교과서에서 아이들이 필수적으로 알아야 할 낱말을 뽑았습니다.

문해력 키우기
낱말의 사전적 뜻과 함께 예문, 관련어, 비슷한말, 반대어 등을 다양하게 실었어요. 낱말을 활용하는 법을 알게 되고 어휘력을 향상할 수 있어요.

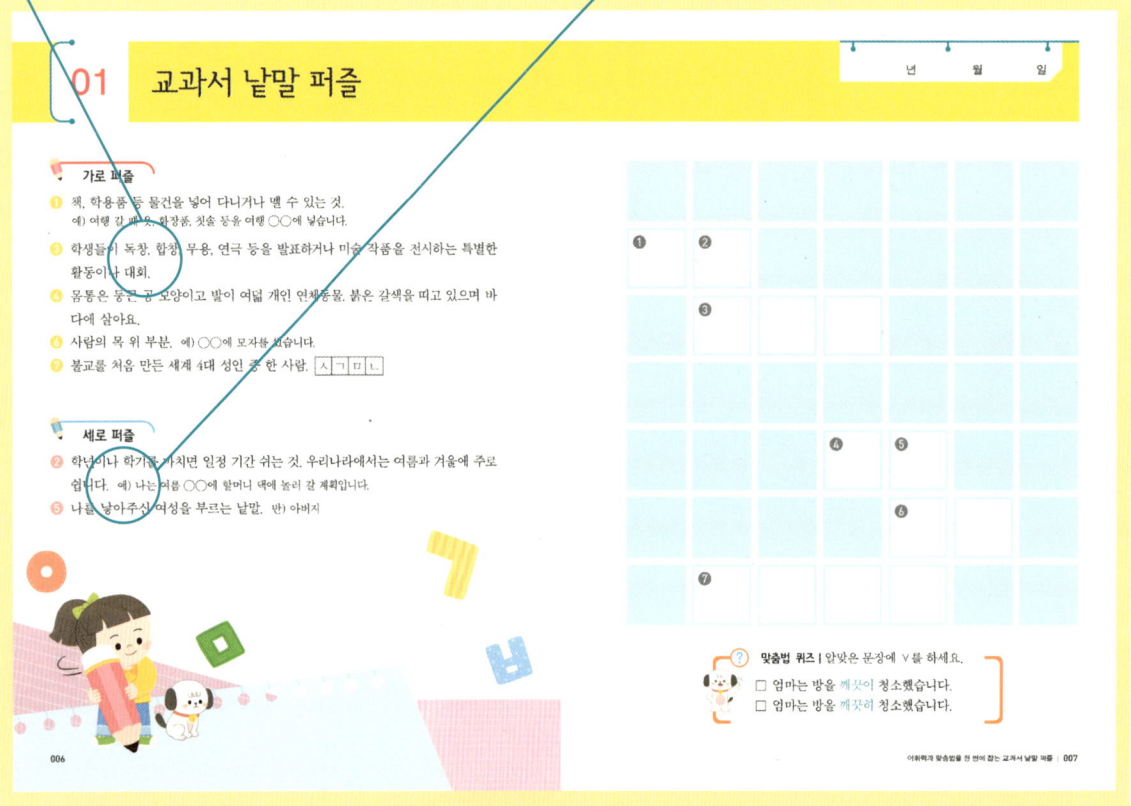

알립니다
비) : 비슷한말 관) : 관련어
반) : 반대말 예) : 예시 문장

퍼즐 정답 쓰기

왼쪽에 있는 낱말의 뜻에 맞는 답을 오른쪽 퍼즐 칸에 써넣으세요. 생각하는 힘이 자라고, 어휘력이 쑥쑥 커갈 거예요.

맞춤법 퀴즈 풀기

국어 공부의 기본이 되는 맞춤법 퀴즈를 풀 수 있어요. 교과서 낱말도 익히고 맞춤법도 배울 수 있어서 일석이조랍니다.

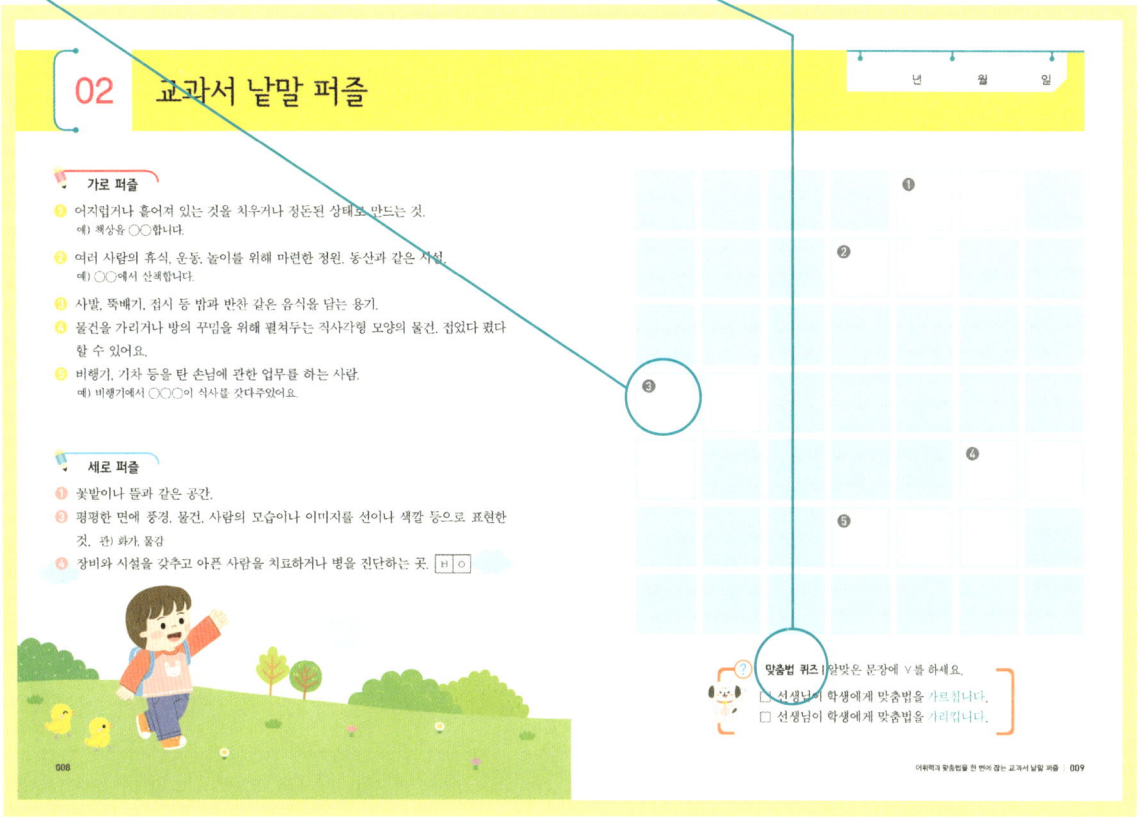

연습 문제 풀기

마지막으로 〈두뇌 똑똑 재치 톡톡〉을 통해 낱말 퀴즈와 속담 등 어휘력 문제를 풀어보세요. 또한 창의력을 높이는 데 도움이 될 수수께끼와 수도 맞히기 등 다양한 응용 문제도 풀 수 있습니다.

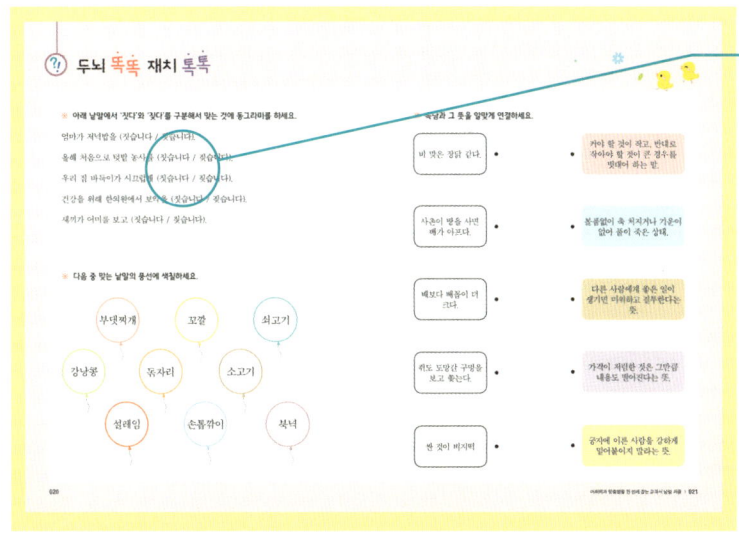

차례

01 교과서 낱말 퍼즐 ······ 6쪽
어휘력 높이기 : 두뇌 똑똑 재치 톡톡 ······ 20쪽

02 교과서 낱말 퍼즐 ······ 22쪽
어휘력 높이기 : 두뇌 똑똑 재치 톡톡 ······ 42쪽

03 교과서 낱말 퍼즐 ······ 44쪽
어휘력 높이기 : 두뇌 똑똑 재치 톡톡 ······ 64쪽

04 교과서 낱말 퍼즐 ······ 66쪽
어휘력 높이기 : 두뇌 똑똑 재치 톡톡 ······ 86쪽

05 교과서 낱말 퍼즐 ······ 88쪽

정답 ······ 110쪽

학습 계획표

	1일	2일	3일	4일	5일
1주	계획: ~ 쪽 나의 진도: ~ 쪽	계획: ~ 쪽 나의 진도: ~ 쪽	계획: ~ 쪽 나의 진도: ~ 쪽	계획: ~ 쪽 나의 진도: ~ 쪽	계획: ~ 쪽 나의 진도: ~ 쪽
2주	계획: ~ 쪽 나의 진도: ~ 쪽	계획: ~ 쪽 나의 진도: ~ 쪽	계획: ~ 쪽 나의 진도: ~ 쪽	계획: ~ 쪽 나의 진도: ~ 쪽	계획: ~ 쪽 나의 진도: ~ 쪽
3주	계획: ~ 쪽 나의 진도: ~ 쪽	계획: ~ 쪽 나의 진도: ~ 쪽	계획: ~ 쪽 나의 진도: ~ 쪽	계획: ~ 쪽 나의 진도: ~ 쪽	계획: ~ 쪽 나의 진도: ~ 쪽
4주	계획: ~ 쪽 나의 진도: ~ 쪽	계획: ~ 쪽 나의 진도: ~ 쪽	계획: ~ 쪽 나의 진도: ~ 쪽	계획: ~ 쪽 나의 진도: ~ 쪽	계획: ~ 쪽 나의 진도: ~ 쪽
5주	계획: ~ 쪽 나의 진도: ~ 쪽	계획: ~ 쪽 나의 진도: ~ 쪽	계획: ~ 쪽 나의 진도: ~ 쪽	계획: ~ 쪽 나의 진도: ~ 쪽	계획: ~ 쪽 나의 진도: ~ 쪽

01 교과서 낱말 퍼즐

가로 퍼즐

① 책, 학용품 등 물건을 넣어 다니거나 멜 수 있는 것.
   예) 여행 갈 때 옷, 화장품, 칫솔 등을 여행 ○○에 넣습니다.

③ 학생들이 독창, 합창, 무용, 연극 등을 발표하거나 미술 작품을 전시하는 특별한 활동이나 대회.

④ 몸통은 둥근 공 모양이고 발이 여덟 개인 연체동물. 붉은 갈색을 띠고 있으며 바다에 살아요.

⑥ 사람의 목 위 부분. 예) ○○에 모자를 썼습니다.

⑦ 불교를 처음 만든 세계 4대 성인 중 한 사람. | ㅅ | ㄱ | ㅁ | ㄴ |

세로 퍼즐

② 학년이나 학기를 마치면 일정 기간 쉬는 것. 우리나라에서는 여름과 겨울에 주로 쉽니다. 예) 나는 여름 ○○에 할머니 댁에 놀러 갈 계획입니다.

⑤ 나를 낳아주신 여성을 부르는 낱말. 반) 아버지

년　　　월　　　일

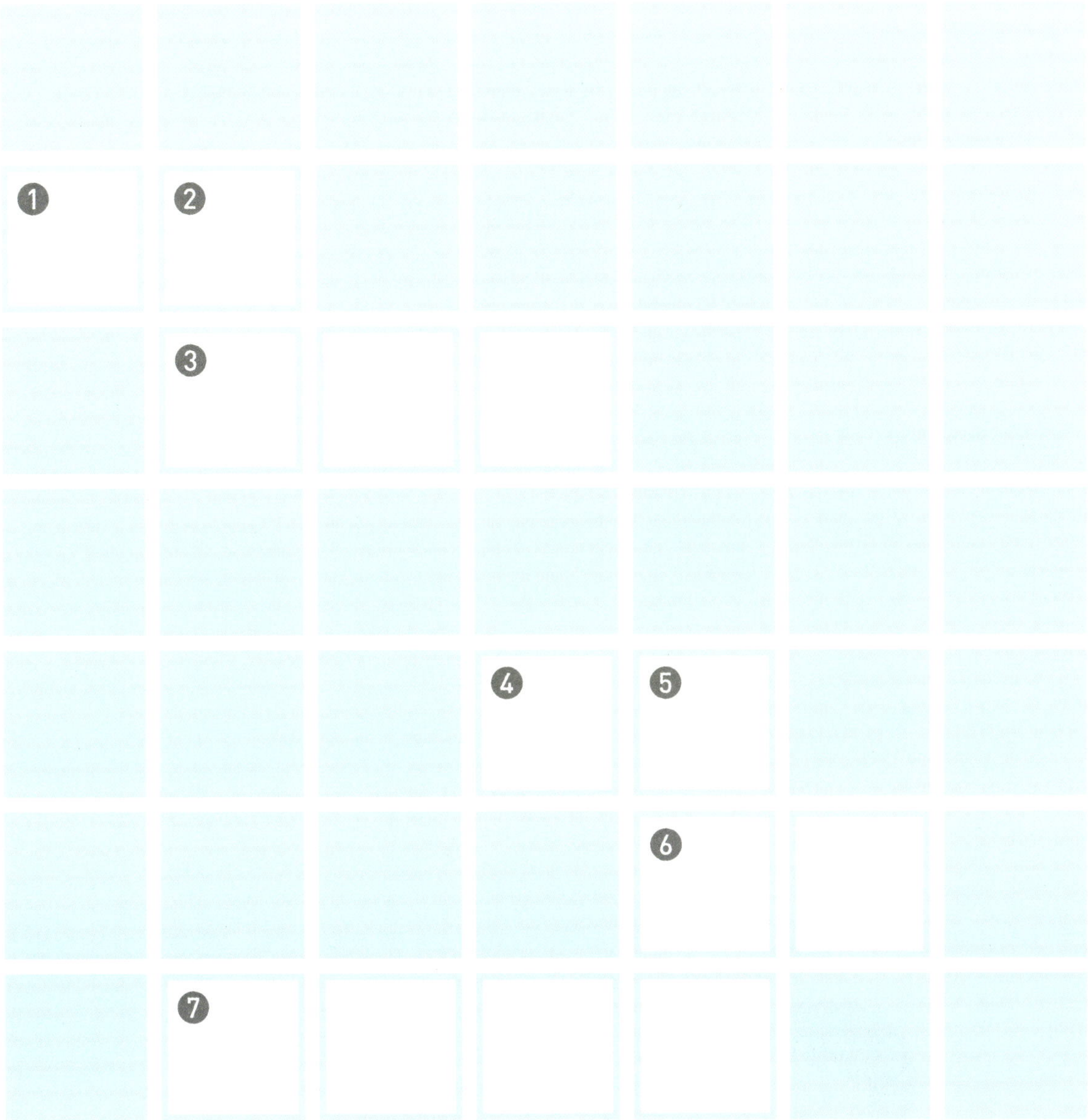

❶　❷

❸

❹　❺

❻

❼

맞춤법 퀴즈 | 알맞은 문장에 V를 하세요.

☐ 엄마는 방을 깨끗이 청소했습니다.
☐ 엄마는 방을 깨끗히 청소했습니다.

02 교과서 낱말 퍼즐

🖊 가로 퍼즐

① 어지럽거나 흩어져 있는 것을 치우거나 정돈된 상태로 만드는 것.
　예) 책상을 ○○합니다.

② 여러 사람의 휴식, 운동, 놀이를 위해 마련한 정원. 동산과 같은 시설.
　예) ○○에서 산책합니다.

③ 사발, 뚝배기, 접시 등 밥과 반찬 같은 음식을 담는 용기.

④ 물건을 가리거나 방의 꾸밈을 위해 펼쳐두는 직사각형 모양의 물건. 접었다 폈다 할 수 있어요.

⑤ 비행기, 기차 등을 탄 손님에 관한 업무를 하는 사람.
　예) 비행기에서 ○○○이 식사를 갖다주었어요.

🖊 세로 퍼즐

① 꽃밭이나 뜰과 같은 공간.

③ 평평한 면에 풍경, 물건, 사람의 모습이나 이미지를 선이나 색깔 등으로 표현한 것. 관) 화가, 물감

④ 장비와 시설을 갖추고 아픈 사람을 치료하거나 병을 진단하는 곳. ㅂㅇ

008

년　　　　월　　　　일

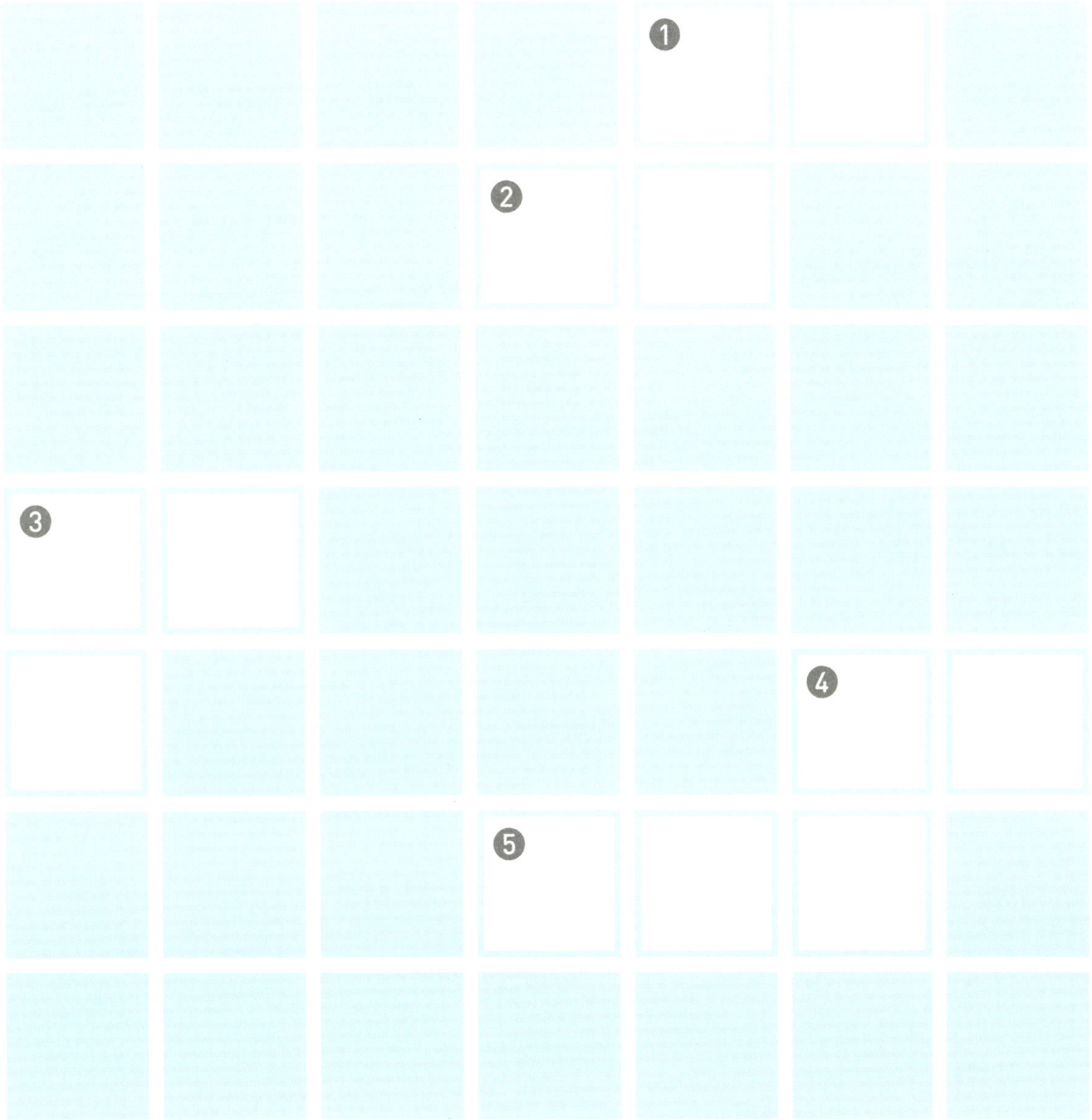

❶

❷

❸

❹

❺

맞춤법 퀴즈 | 알맞은 문장에 ∨를 하세요.

☐ 선생님이 학생에게 맞춤법을 가르칩니다.
☐ 선생님이 학생에게 맞춤법을 가리킵니다.

03 교과서 낱말 퍼즐

✏️ 가로 퍼즐

② 물방울이나 얼음 알갱이가 덩어리가 되어 하늘에 떠 있는 흰색이나 회색의 것.
③ 다람쥐가 좋아하는 열매로 묵으로 만들어 먹어요. 둥근 계란 모양을 하고 있으며 껍질이 딱딱해요.
⑤ 태어난 날을 기념하는 날 또는 내가 태어난 날.
⑥ 속이 보일 정도로 맑거나 빛이 그대로 통과하여 비치는 상태.
　반) 불투명

✏️ 세로 퍼즐

① 찌거나 삶아 먹는 겨울철 대표 간식으로, 익으면 겉은 자주색, 안은 노란색을 띱니다. 예) ○○○를 캐서 솥에 쪄 먹었습니다.
④ 일요일의 앞날로 일주일의 여섯 번째 날.
⑤ 생물이 숨 쉬고 살아있는 상태나 힘.
　예) 물에 빠진 나를 구해 준 ○○의 은인입니다.
⑥ 옛날에 전쟁을 할 때 갑옷을 입은 후 머리에 쓰던 쇠로 만든 모자. 투구

년　　　월　　　일

①

②

③　④

⑤

⑥

맞춤법 퀴즈 | 알맞은 문장에 ∨를 하세요.

☐ 다행히 무사합니다.
☐ 다행이 무사합니다.

04 교과서 낱말 퍼즐

가로 퍼즐

1. 거북이와 비슷하나 등딱지의 대부분이 부드러우며 주둥이의 끝은 뾰족한 파충류.
3. 긴 타원형 모양의 연두와 초록색을 띠는 식물로 무침, 피클 등 다양한 반찬으로 만들어 먹어요. 예) 무더운 여름에 ○○냉국을 만들어 먹었어요.
4. 둥글고 과즙이 풍부한 담홍색의 여름 과일. 관) 황도, 백도
6. 그림이나 글씨를 지우는 학용품.
8. 나무의 잎.

세로 퍼즐

2. 뉴스, 음악 등을 전파를 이용하여 사람이 듣게 하는 기계 또는 그러한 방송 내용. 예) 할머니는 매일 ○○○를 듣습니다.
5. 나를 낳고 길러준 부모 중 남자. 혈통을 이어준 남자를 부르는 말.
7. 3~4월에 노란색을 피우는 꽃. 진달래와 더불어 봄에 피는 대표적 식물로, 무리를 이루어 피워요. ㄱ ㄴ ㄹ

년   월   일

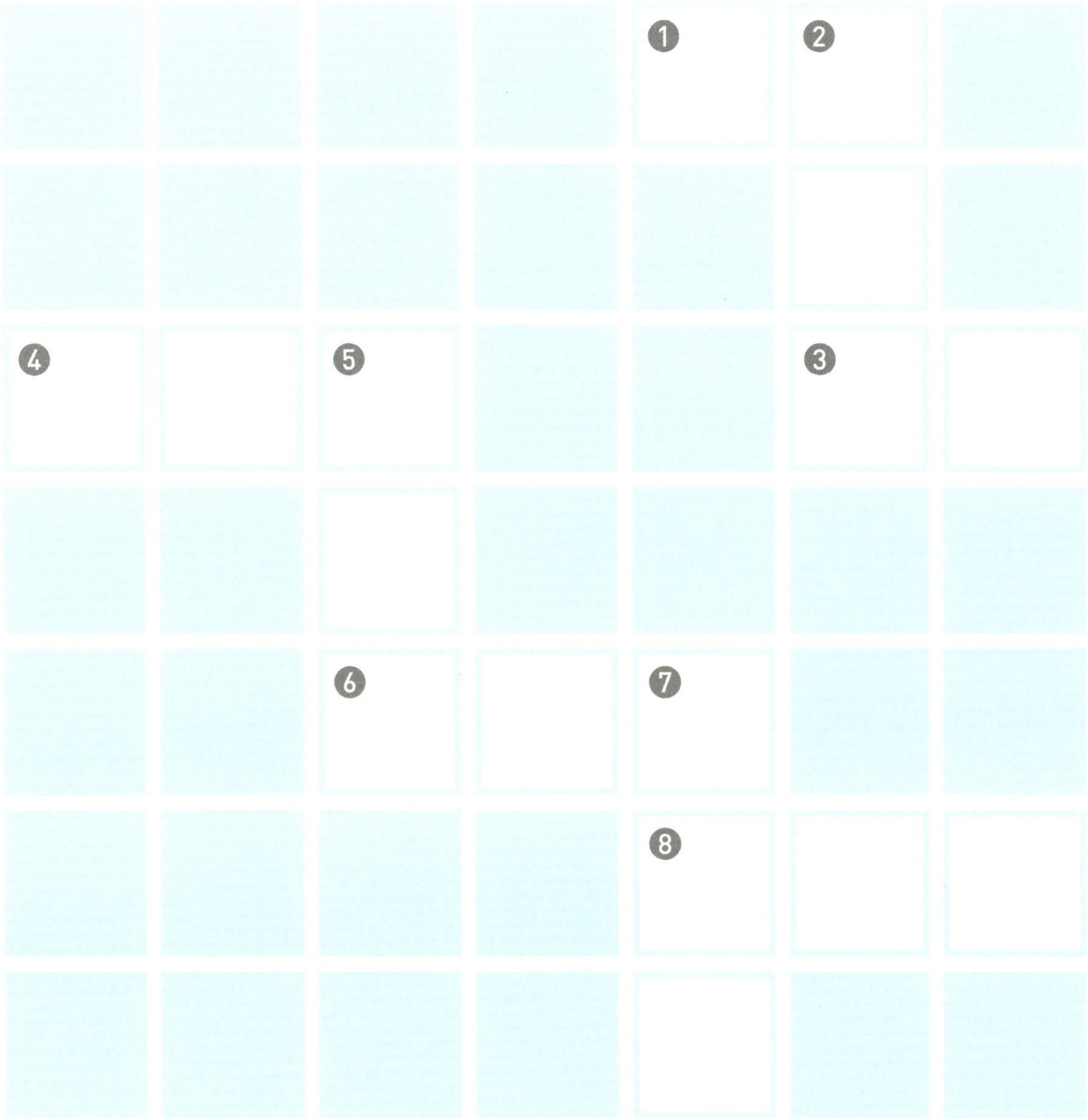

❶ ❷
❹ ❺ ❸
❻ ❼
❽

맞춤법 퀴즈 | 알맞은 문장에 V를 하세요.

☐ 북엇국은 시원하고 맛있었습니다.
☐ 북어국은 시원하고 맛있었습니다.

05 교과서 낱말 퍼즐

가로 퍼즐

② 헤어지거나 만났을 때 예의를 갖춰서 하는 행동이나 말.

④ 음식점에서 파는 요리의 종류 또는 요리의 이름과 가격을 적은 것.
예) 이 식당에서 인기 있는 ○○는 무엇입니까?

⑤ 대소변을 보거나 손을 씻는 곳.

⑦ 올챙이가 자라면 이 동물이 됩니다. 점프를 잘하며 논이나 시골에서 흔히 볼 수 있어요. 예) ○○○ 올챙이 적 생각 못 한다.

세로 퍼즐

① 동화, 만화, 영화, 드라마 등에서 중심이 되는 인물.
예) 《콩쥐 팥쥐》의 ○○○인 콩쥐는 온갖 힘든 일을 도맡아 합니다.

③ 렌즈를 사용하여 사람, 풍경, 물건 등의 영상을 찍거나 촬영하는 기계.

⑥ 추울 때 손에 끼거나 착용하는 것.
예) 털로 만든 ○○을 끼니, 따뜻했어요.

⑧ 빗방울이 둥글고 투명하게 맺히며 가늘게 내리는 비. | ㄱ | ㅅ | ㅂ |

년   월   일

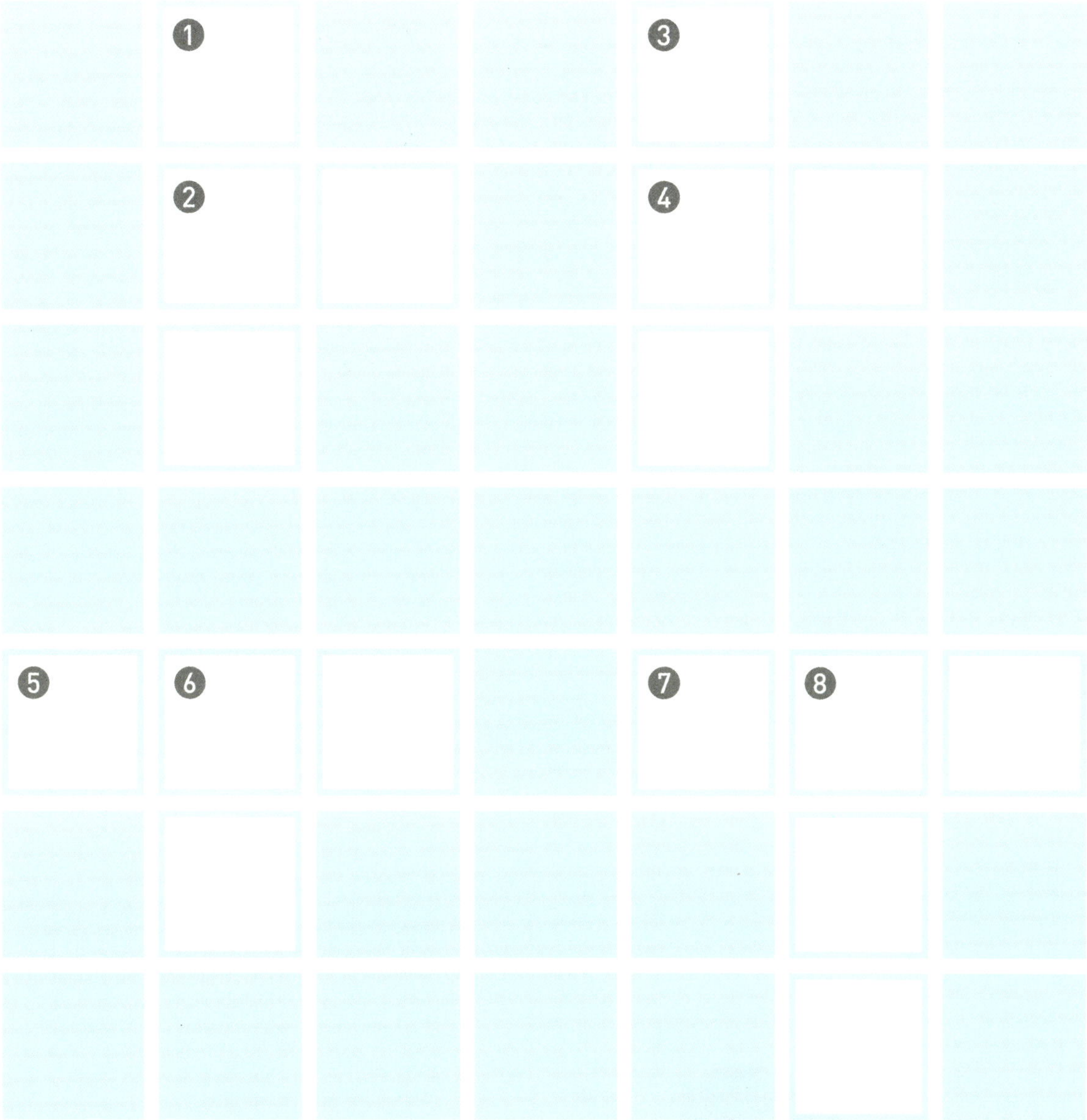

❶ ❷ ❸ ❹ ❺ ❻ ❼ ❽

맞춤법 퀴즈 | 알맞은 문장에 V를 하세요.

☐ 나는 점심으로 돈가스를 먹었어요.
☐ 나는 점심으로 돈까스를 먹었어요.

06 교과서 낱말 퍼즐

가로 퍼즐

① 아버지의 아버지 또는 어머니의 아버지를 이르는 말.
④ 학교에서 수업이 이루어지는 방.
⑥ 발목과 뒤쪽 발바닥 사이의 두드러진 부분.
   예) 발레를 할 때 ○○○를 들어 올렸어요.

세로 퍼즐

② 나이 들거나 결혼한 여자를 부르는 말.
   반) 아저씨
③ 할아버지나 할머니가 걸을 때 짚는 가늘고 기다란 물건.
⑤ 빌딩이나 방의 안.
   반) 실외, 야외
⑦ 충치를 예방하기 위해 또는 이가 아플 때 가는 병원. ㅊ ㄱ

년　　　월　　　일

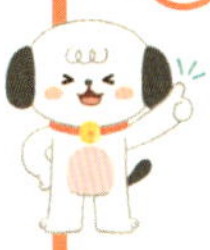

맞춤법 퀴즈 | 알맞은 문장에 ∨를 하세요.

☐ 너를 우연히 만나다니 반가워.
☐ 너를 우연히 만나다니 반가와.

07 교과서 낱말 퍼즐

가로 퍼즐

② 지금까지 아무도 만들지 못한 물건을 만들거나 새로운 방법을 생각하는 것.
④ 재난이나 질병이 일어나기 전에 미리 막거나 알맞은 방법을 행하는 것.
   예) 추워지기 전에 독감을 ○○ 접종하도록 해.
⑥ 바닷가에 헤엄을 치거나 즐기며 놀 수 있는 시설과 환경.
⑦ 곡식이나 과일의 씨를 뿌리고 수확하는 사람.
   예) ○○는 가을에 곡식을 추수해요.

세로 퍼즐

① 긴 막대기에 달린, 글자와 그림 등을 넣은 헝겊이나 종이.
③ 세상에서 자랑스럽다고 인정되거나, 훌륭하다고 해서 높이 우러러보는 이름이나 품위.   예) 축구부는 학교의 ○○를 드높였어요.
⑤ 다른 사람에게 피해를 주거나 일을 막는 것.
⑦ 농산물을 기르거나 가축을 키우는 곳. 농사 관련 시설과 가축을 갖춘 구조물.
⑧ 회사나 조직에서 다른 사람을 이끌거나 책임을 맡은 사람. ㄱㅂ

년   월   일

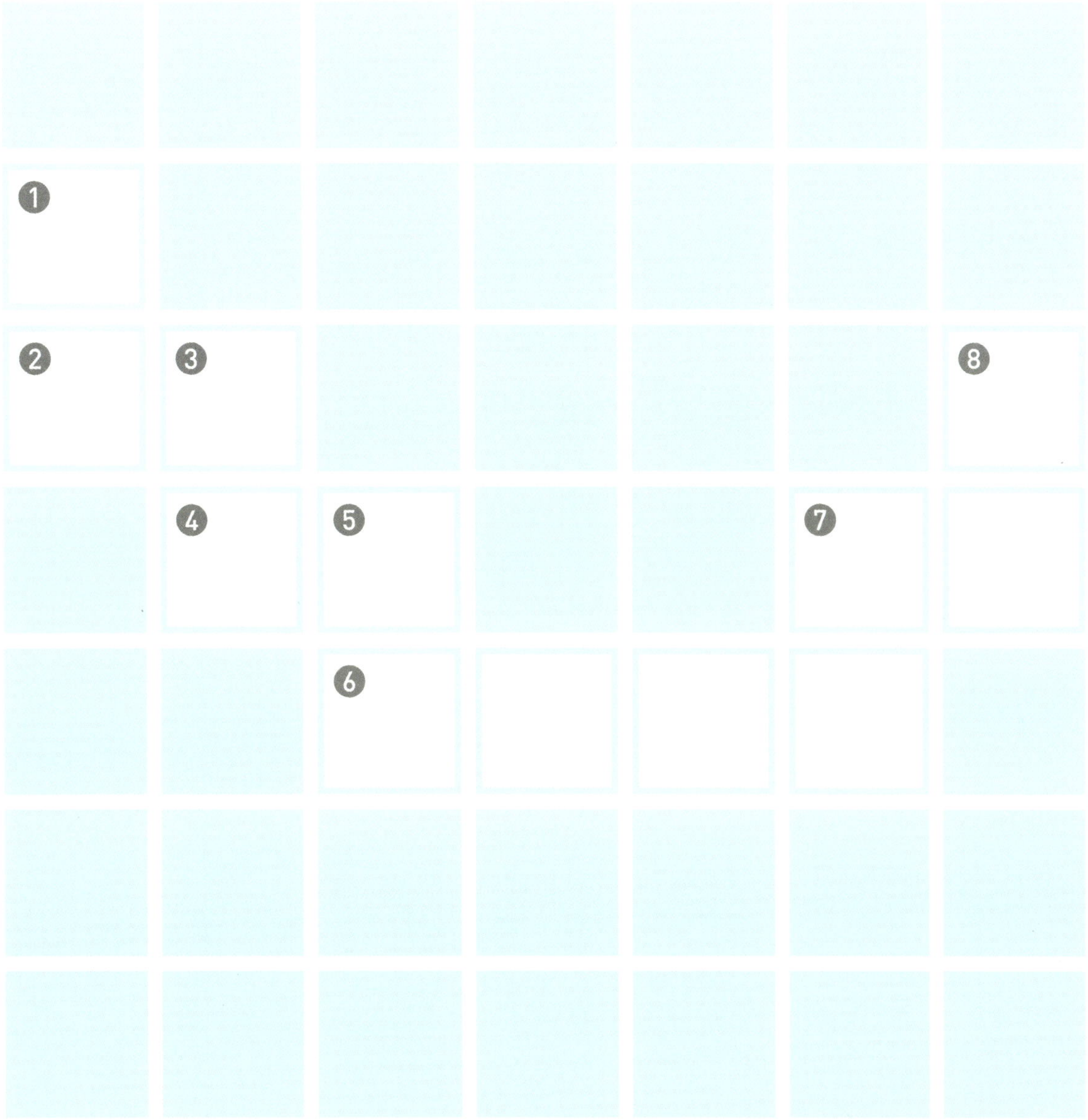

맞춤법 퀴즈 | 알맞은 문장에 V를 하세요.

☐ 《해님 달님》 동화책을 읽었어요.
☐ 《햇님 달님》 동화책을 읽었어요.

두뇌 똑똑 재치 톡톡

※ 아래 낱말에서 '짓다'와 '짖다'를 구분해서 맞는 것에 동그라미를 하세요.

엄마가 저녁밥을 (짓습니다 / 짖습니다).

올해 처음으로 텃밭 농사를 (짓습니다 / 짖습니다).

우리 집 바둑이가 시끄럽게 (짓습니다 / 짖습니다).

건강을 위해 한의원에서 보약을 (짓습니다 / 짖습니다).

새끼가 어미를 보고 (짓습니다 / 짖습니다).

※ 다음 중 맞는 낱말의 풍선에 색칠하세요.

※ 속담과 그 뜻을 알맞게 연결하세요.

| 비 맞은 장닭 같다. • | • 커야 할 것이 작고, 반대로 작아야 할 것이 큰 경우를 빗대어 하는 말. |

| 사촌이 땅을 사면 배가 아프다. • | • 볼품없이 축 처지거나 기운이 없어 풀이 죽은 상태. |

| 배보다 배꼽이 더 크다. • | • 다른 사람에게 좋은 일이 생기면 미워하고 질투한다는 뜻. |

| 쥐도 도망갈 구멍을 보고 쫓는다. • | • 가격이 저렴한 것은 그만큼 내용도 떨어진다는 뜻. |

| 싼 것이 비지떡 • | • 궁지에 이른 사람을 강하게 밀어붙이지 말라는 뜻. |

08 교과서 낱말 퍼즐

🖊 가로 퍼즐

❶ 옛날이야기에 나오는 사람이나 동물의 모습을 한 귀신으로, 기이한 능력을 부리고 얄미운 장난을 치기도 해요.
  예) 혹부리 영감은 ○○○ 덕분에 혹을 뗐어요.

❸ 사람이나 물건을 선로를 통해 나르는 긴 차량.
  관) 전기 기관차, 디젤 기관차, 증기 기관차

❺ 어떤 내용이 있는 말이나 글. 다른 사람에게 말을 하는 것.
  예) 귀신 ○○○는 언제 들어도 무서워요.

🖊 세로 퍼즐

❶ 무언가를 그릴 때 사용하는 종이.
❷ 전통놀이 중 하나로, 작은 돌을 세워놓고 돌을 던져서 쓰러뜨리는 놀이. 표준어로는 '비사치기'라고 해요. 예) 설을 맞아 연날리기와 ○○○○를 했어요.
❹ 서로 다른 상태나 정도.
❻ 9명씩 공을 가지고 9회까지 승패를 다투는 경기. ㅇ ㄱ

년   월   일

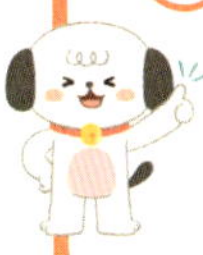

맞춤법 퀴즈 | 알맞은 문장에 V를 하세요.

☐ 영수는 공부도 잘하는 데다가 더욱이 운동도 잘합니다.
☐ 영수는 공부도 잘하는 데다가 더우기 운동도 잘합니다.

09 교과서 낱말 퍼즐

✏️ 가로 퍼즐

① 별이 빛나는 모양. 빛이 드러났다가 사라지는 모양.

④ 같은 부모에게 태어났지만 늦게 태어났거나 나이가 적은 사람.
비) 아우

⑦ 8월~10월경 귀뚤귀뚤 울면서 가을을 알리는 곤충. ㄱㄸㄹㅁ

✏️ 세로 퍼즐

① 기필코, 틀림없이.
예) 시험에서 ○○○ 100점을 맞을 거예요.

② 짝을 이루는 친구.

③ 건강을 위해 몸을 움직여서 굳세게 하는 활동.

⑤ 사람이 먹는 물고기. 갓 잡은 신선한 물고기.
관) 고등어, 갈치, 조기 등

⑥ 천연기념물 202호 겨울 철새. 전체적으로 희지만 눈앞, 목, 날개깃 등이 검은색이에요.
예) 여우는 ○○○에게 접시에 담긴 수프를 주었어요.

년　　　월　　　일

맞춤법 퀴즈 | 알맞은 문장에 ∨를 하세요.

☐ 책꽂이에 책을 꽂았습니다.
☐ 책꽂이에 책을 꼽았습니다.

10 교과서 낱말 퍼즐

가로 퍼즐

② 먼 거리의 기계를 다루거나 조종하는 장치.
   예) 아빠가 ○○○으로 채널을 돌렸어요.

③ 신발을 넣어두는 곳.

④ 주황색의 긴 타원형 모양 채소로, 제주도에서 많이 나며, 말이 좋아합니다.

⑦ 장난을 잘 치거나 심술 궂은 아이.
   예) 찬혁이는 동네에서 말썽을 피우는 ○○○○ 입니다.

세로 퍼즐

① 몸길이는 50~70cm 정도로 꼬리가 둥글고 짧으며 주둥이가 뾰족한 동물. 엉큼하고 능청스러운 사람을 이 동물에 비유해요.

③ 율곡 이이의 어머니. 어질고 현명한 어머니의 대표적 귀감이 되는 인물.
   예) 오죽헌은 ○○○○과 이이의 생가입니다.

⑤ 부지런하며 꾸준히 힘씀.
   예) 사장은 ○○과 성실을 강조했습니다.

⑥ 잠을 잘 때 머리를 받치거나 목 아래 괴는 물건. ㅂㄱ

년 월 일

1				3		
2						
				4	5	
	6					
	7					

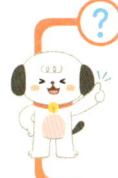

맞춤법 퀴즈 | 알맞은 문장에 V를 하세요.

☐ 아빠가 장작에 불을 부쳤어요.

☐ 아빠가 장작에 불을 붙였어요.

11 교과서 낱말 퍼즐

가로 퍼즐

② 무도회에서 유리 구두 한 짝을 잃어버린 것이 계기가 되어 왕자를 만나 행복하게 살았다는 동화 속 인물.

③ 아동들의 기초 교육을 구현하기 위해 세운 교육기관.
예) 나는 여덟 살에 ○○○○에 입학했어요.

④ 어떤 것을 해 보거나 시험하는 것. 주로 과학에서 사용하는 낱말로 가설이나 이론을 밝히기 위해 측정하고 관찰하는 일. 관) 동물 ○○, 핵 ○○

⑥ 학급을 담당하거나 책임지는 선생님.

세로 퍼즐

① 어떤 땅에 주권을 가진 국민으로 구성된 집단.
비) 국가

② 사람이나 차가 지나가거나 정지할 수 있도록 지시하는 장치. 초록색, 노란색, 빨간색으로 이루어져 있어요.
예) ○○○이 빨간불에서는 횡단보도를 건너면 안 돼!

⑤ 다른 사람을 헐뜯거나 흠이 될만한 것을 홍보하는 것. ㅎ ㄷ

년   월   일

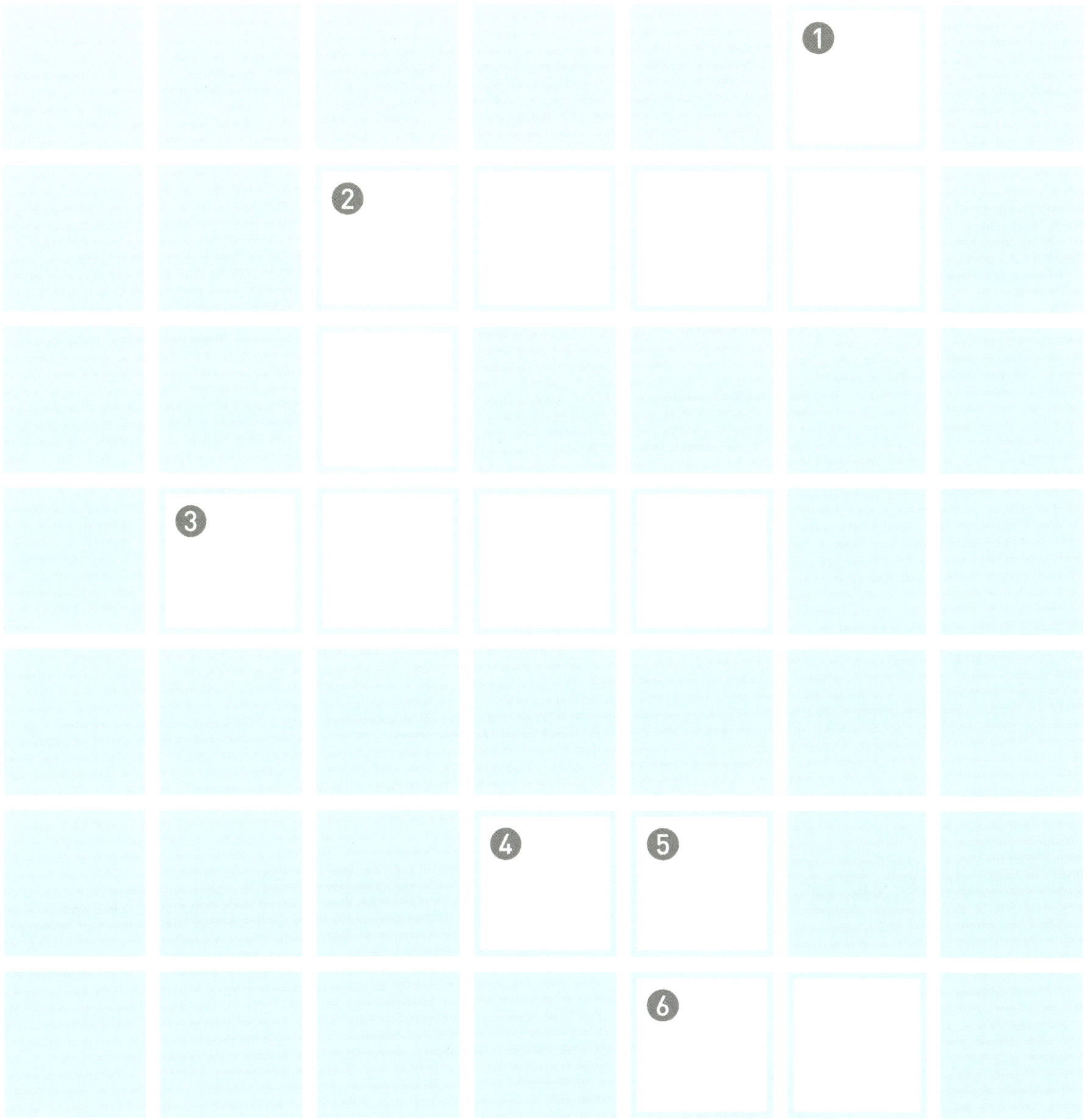

맞춤법 퀴즈 | 알맞은 문장에 ∨를 하세요.

☐ 나는 로봇 장난감을 선물 받았어요.
☐ 나는 로보트 장난감을 선물 받았어요.

12 교과서 낱말 퍼즐

✏️ 가로 퍼즐

① 집을 잃어버렸거나 갈 곳을 몰라 헤매는 아이.
예) 백화점에서 ○○를 찾는 방송이 나왔어요.

② 살에 닿을 때 간질간질하거나 가려운 느낌.

③ 주로 노인들이 잇몸에 끼웠다 뽑았다 하는, 사람이 만든 이.

⑤ 사람의 손이나 인위적인 것이 닿지 않은 그대로인 환경이나 저절로 된 상태.
예) 우리는 후손을 위해 ○○을 보호하고 아껴야 합니다.

⑥ 사람이 걷거나 자동차가 오가는 길.
예) 명동 ○○에 외국인이 많습니다.

✏️ 세로 퍼즐

① 놀이터에 있는 기구로 미끄러져 내려오도록 만들어졌어요.

④ 연극, 음악, 무용 등을 무대에 올리거나 관객이 감상하게 하는 것.
예) 뮤지컬 ○○을 보러 갔어요.

⑤ 사람이 안장에 앉아서 페달로 바퀴를 돌려서 이동하는 탈것. | ㅈ | ㅈ | ㄱ |

년   월   일

맞춤법 퀴즈 | 알맞은 문장에 ∨를 하세요.

☐ 나의 바램은 1등을 하는 것입니다.
☐ 나의 바람은 1등을 하는 것입니다.

13 교과서 낱말 퍼즐

가로 퍼즐

① 세 가지 손 모양으로 이기고 지는 방법이나 순서를 가리는 방법.
　예) ○○○○○에서 진 사람이 심부름하기로 결정했어요.

③ 그림과 같은 예술품이나 특정한 물건을 일정한 장소에서 선보이거나 관람하게 하는 것.

⑤ 수를 세거나 헤아리는 것. 식이나 법칙에 따라 처리하여 숫자의 값을 얻는 것.

⑦ 대구와 생김새가 비슷한 생선으로 맛이 담백한 것이 특징. 국으로 끓여 먹거나 매운탕, 조림을 해서 먹어요.　관) 동태, 북어, 코다리, 노가리

세로 퍼즐

① 양쪽 끝에서 중심이 같은 부분이나 한복판.
　예) 선생님이 운동장 ○○○에 모두 모이래.

② 훌륭한 사람이 태어나서부터 죽을 때까지의 이야기와 업적을 다룬 책이나 글.

④ 시각을 나타내거나 시간을 재서 알려주는 기구.

⑥ 산의 흙, 돌, 바위가 난데없이 허물어지거나 무너지는 상태. | ㅅ | ㅅ | ㅌ |
　예) 홍수로 ○○○가 일어나서 많은 사람이 대피했습니다.

년 월 일

맞춤법 퀴즈 | 알맞은 문장에 ∨를 하세요.

☐ 언니는 옷을 잘 입는 멋쟁이입니다.
☐ 언니는 옷을 잘 입는 멋장이입니다.

14 교과서 낱말 퍼즐

가로 퍼즐

① 배와 비슷한 누런 모양의 과일로, 향이 강하며 울퉁불퉁 못생긴 것이 특징입니다.
예) 엄마는 ○○를 저며서 차를 만듭니다.

③ 다양한 동물을 구경할 수 있도록 만들어놓은 관람 시설.

⑤ 기차를 탈 때 돈을 주고 교환하는 탑승권.
관) 차표, 입장권, 비행기표

⑦ 다리를 넣는 가랑이가 있으며 아래에 입는 옷. ㅂㅈ

세로 퍼즐

② 감나무, 사과나무 등 여러 가지 과일나무를 심은 곳.

④ 물속에 살며 몸에 비늘과 지느러미가 있고 아가미로 숨을 쉬는 어류.

⑥ 정보를 알리기 위해 그림이나 글자로 표시한 판.
예) 안전을 위해 교통 ○○○을 잘 살펴보아야 해요.

⑦ 땅과 바다가 서로 접하는 곳.
관) 해안가, 해변

년 월 일

	1	2				
					7	
3	4					
	5		6			

맞춤법 퀴즈 | 알맞은 문장에 V를 하세요.

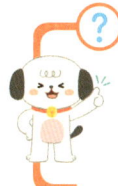

☐ 엄마는 시장에서 물건값을 깎았어요.

☐ 엄마는 시장에서 물건값을 깍았어요.

15 교과서 낱말 퍼즐

가로 퍼즐

① 어른 남자를 보통으로 부르는 말. 또는 부모와 같은 항렬이지만, 아버지의 형제가 아닌 남자를 부르는 말.
② 무언가가 얼마나 큰지에 대한 양, 길이, 면적, 부피의 정도.
  예) 두 수의 ○○를 비교하세요.
④ 어린아이들이 가지고 재미있게 즐기는 물건. 관) 완구, 노리개
⑦ 여러 사람이 앉을 수 있는 길이가 길고 편안한 의자로 주로 거실에 놓여 있어요.
  | ㅅ | ㅍ |

세로 퍼즐

① 달걀, 우유, 크림, 설탕, 시럽 등을 넣어 차갑고 시원하게 얼린 식품. 간식이나 디저트로 자주 먹어요. 관) 딸기, 초콜릿, 바닐라 등
③ 텐트를 치고 야영을 할 수 있도록 다양한 시설을 마련해 놓은 장소.
  예) 여름 휴가를 맞아 가족과 ○○○에 다녀왔어요.
⑤ 그림을 그리거나 색칠할 때 붓에 묻혀 사용하는 물질.
⑥ 파스텔과 크레용의 장점을 골라 만든 것으로, 그림을 그리거나 색칠할 때 칠하는 미술 도구.

년   월   일

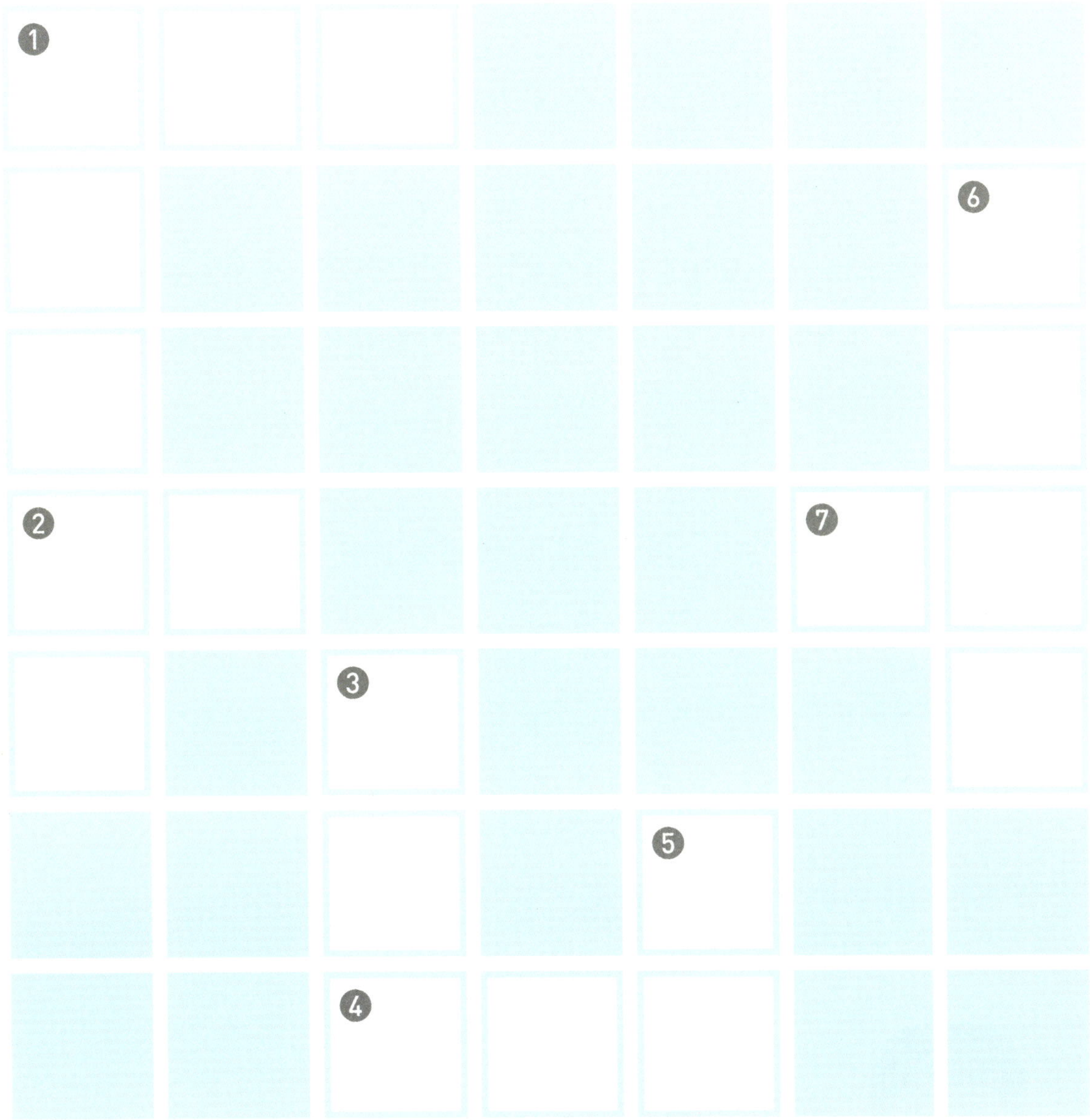

맞춤법 퀴즈 | 알맞은 문장에 ∨를 하세요.

☐ 언니는 답답할 정도로 걸음이 늘입니다.
☐ 언니는 답답할 정도로 걸음이 느립니다.

16 교과서 낱말 퍼즐

가로 퍼즐

① 양손을 높이 드는 행동 또는 양손을 올리며 소리치며 하는 말.
 예) 삼일절날 '대한 독립 ○○'를 외쳤어요.

② 주로 가죽을 재료로 만든 신발로, 굽과 밑창이 있습니다.

③ 태어나 처음으로 맞는 생일에 여는 잔치.

④ 열과 압력을 이용해서 구겨진 옷을 펴거나 주름을 잡을 때 사용하는 도구.

세로 퍼즐

① 밀가루 반죽에 두부, 채소, 고기 등을 넣어 빚은 음식. 국으로 먹거나 튀기거나 쪄서 먹어요. 관) 고기○○, 찐○○, 군○○

② 무언가를 재미와 관심을 기울이며 보는 것.
 예) 시골에서 올라온 사촌 동생과 서울 ○○을 함께 했어요.

③ 돌상에서 아기가 실, 돈, 붓, 책, 곡식, 국수 중에서 선택하는 것.
 예) ○○○ 때 형은 책을, 나는 실을 잡았다고 해요.

④ 앞으로 어떤 것을 하겠다고 마음을 각오하거나 단단한 마음가짐. ㄷ ㅈ

년   월   일

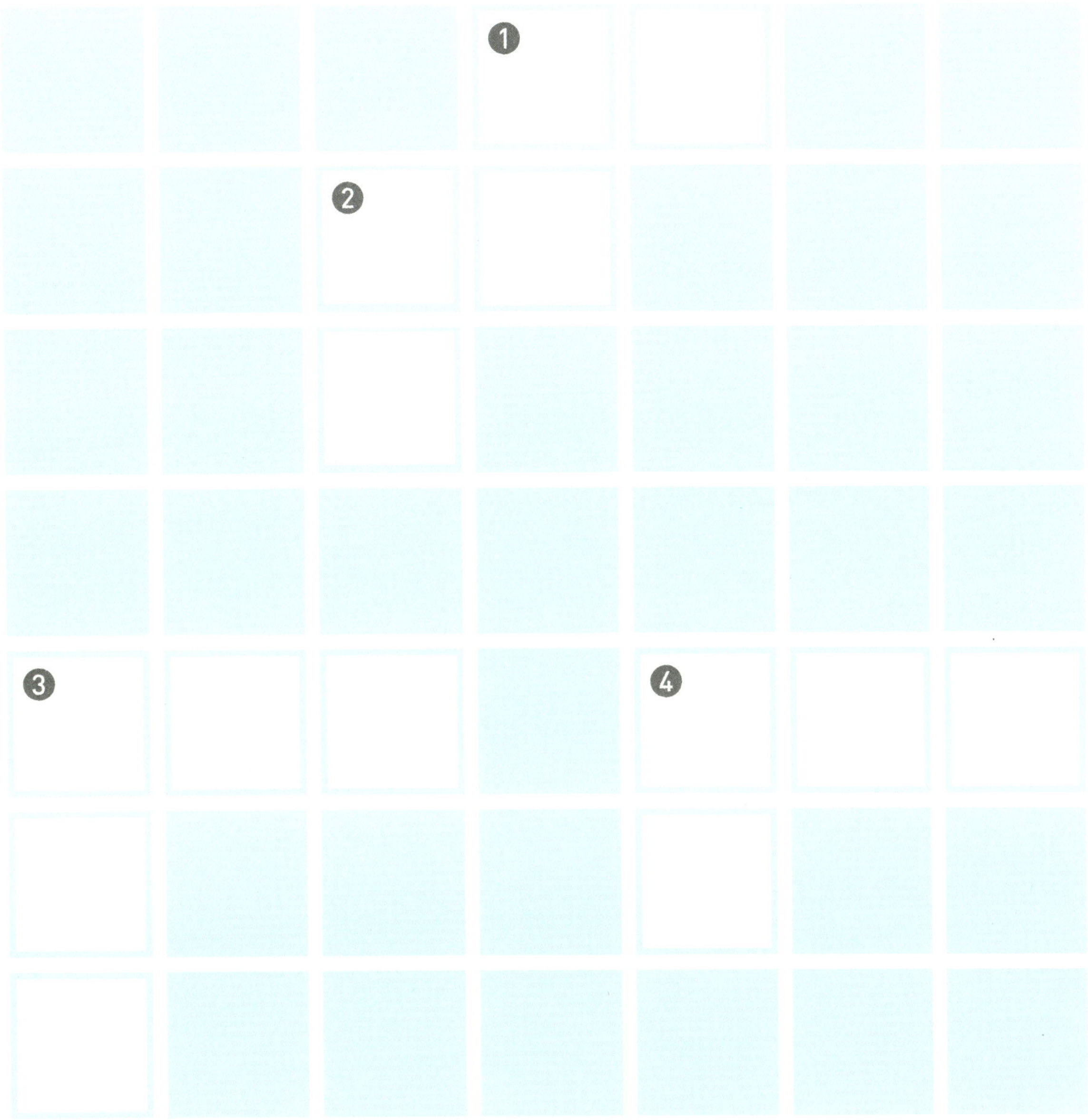

맞춤법 퀴즈 | 알맞은 문장에 ∨를 하세요.

☐ 엄마가 구겨진 원피스를 달입니다.
☐ 엄마가 구겨진 원피스를 다립니다.

17 교과서 낱말 퍼즐

가로 퍼즐

① 머리에 한 쌍의 더듬이와 겹눈을 가지고 있으며 양 날개를 가지고 나는 아름다운 곤충. 노란색, 흰색, 흑갈색 등 다양하며 꽃 주변에서 볼 수 있어요.
③ 흙으로 빚어서 유약을 칠하고 가마에서 구운 그릇. 관) 청자, 백자, 분청사기
⑤ 순서 있게 각자에게 오는 기회. 앞과 뒤를 구분하여 나열한 것.
　예) 물을 마시려면 네 ○○를 지켜.
⑥ 목소리로 부르는 음악으로 노랫말에 가락을 붙여 부르는 것.
⑦ 빨강과 파랑을 섞은 색. 예) 라벤더 밭이 ○○○으로 물들었습니다.

세로 퍼즐

② 하늘에 떠서 사람이나 물건을 나르는 것. 해외여행 갈 때 타요.
④ 바퀴를 움직여서 땅 위를 달리는 차.
　관) 승합차, 승용차, 화물차
⑥ 개나리와 나비에서 볼 수 있는 밝은색. 이 색과 파란색을 섞으면 녹색이 돼요.
　| ㄴ | ㄹ | ㅅ |

년   월   일

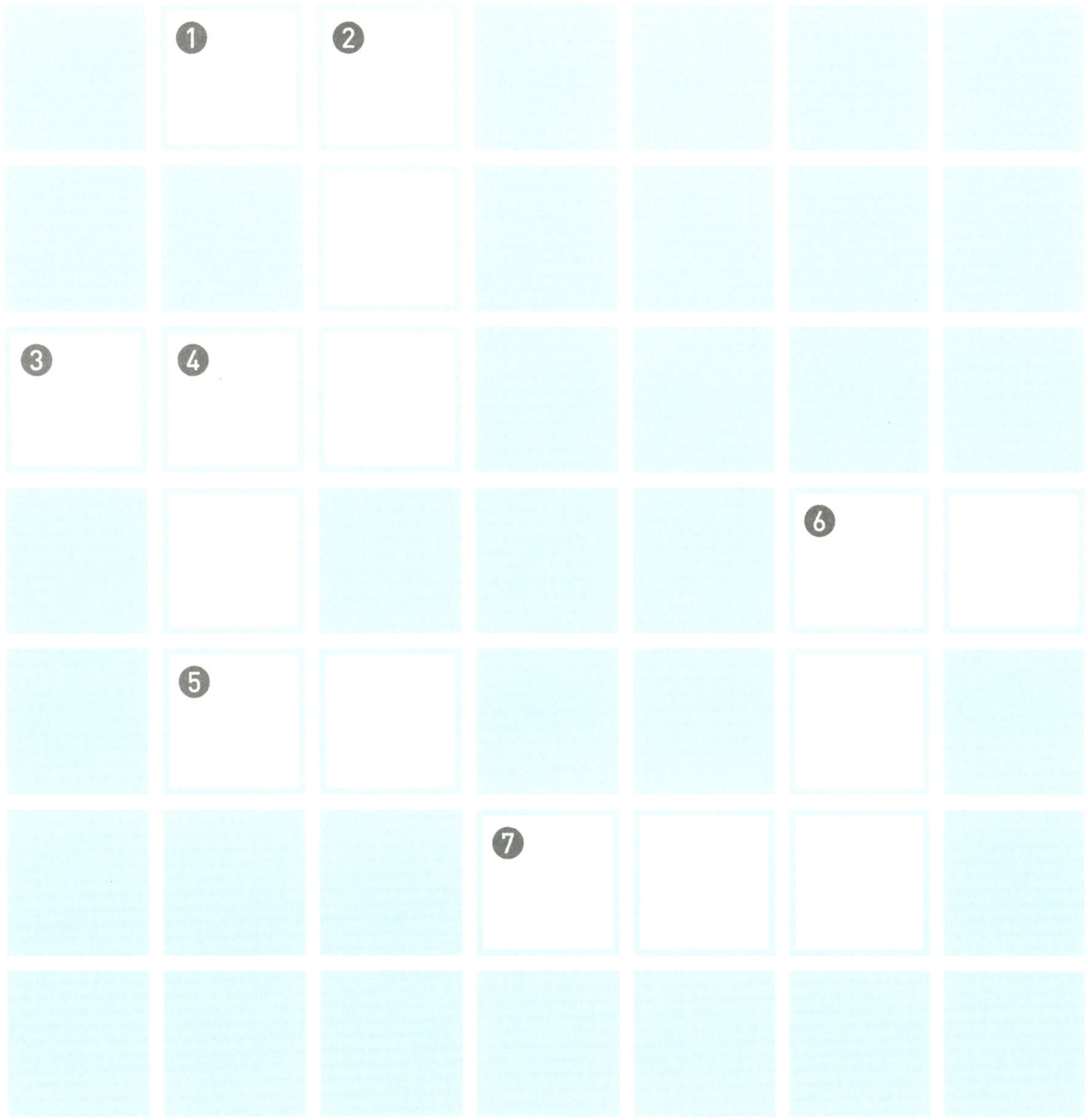

맞춤법 퀴즈 | 알맞은 문장에 V를 하세요.

☐ 집을 열쇠로 잠급니다.
☐ 집을 열쇠로 잠급니다.

두뇌 똑똑 재치 톡톡

※ 아래 속담의 빈칸에 알맞은 답을 넣으세요.

① 가는 (   )이 고와야 오는 (   )이 곱다.

② 고양이 앞에 (   ).

③ 가지 많은 나무에 (   ) 잘 날이 없다.

④ (   ) 번 찍어 아니 넘어가는 나무 없다.

⑤ 낮말은 (   )가 듣고 밤말은 쥐가 듣는다.

⑥ 아니 땐 굴뚝에 (   ) 날까.

⑦ 닭 쫓던 (   ) 지붕 쳐다보듯.

⑧ 하나만 알고 (   )은 모른다.

⑨ 될성부른 나무는 (   )부터 알아본다.

⑩ 빈 (   )가 요란하다.

※ <보기>에서 알맞은 답을 골라 괄호 안에 넣으세요.

① (　　　　) 날자 배 떨어진다.
> 보기   까마귀 까치 제비 참새

② 목마른 놈이 (　　　　) 판다.
> 보기   굴 땅 우물 구덩이

③ 닭 잡아먹고 (　　　　) 내민다.
> 보기   닭발 개발 거위 오리발

④ 작은 (　　　　)가 더 맵다.
> 보기   오이 고추 배추 무

⑤ (　　　　)도 제 말 하면 온다.
> 보기   호랑이 도깨비 사자 토끼

⑥ (　　　　) 살 버릇 여든까지 간다.
> 보기   열 세 스무 서른

⑦ 바늘 도둑이 (　　　　) 도둑 된다.
> 보기   양 코끼리 소 개

18 교과서 낱말 퍼즐

✏️ 가로 퍼즐

① 원 모양으로 동그랗게 생긴 모습이나 상태. 예) 탬버린과 바퀴는 ○○○○ 모양입니다.
② 이야기를 여러 장면으로 그린 그림을 엮은 책. 웃음이 나는 재미있는 장면을 그린 책. 예) 형은 ○○○을 보며 깔깔대며 웃었어요.
④ 두 사람이 손과 팔목으로 가마 모양을 만들면 또 다른 사람이 가마 위에 걸터앉는 놀이. 옛날부터 전해 내려오는 전래 놀이로 '가마타기'라고도 해요.
⑥ 어려운 사람이나 다른 사람을 위해 물건이나 돈을 내놓아 도움을 주는 것.
| ㄱ | ㅂ | |

✏️ 세로 퍼즐

① 어린이를 위해 지은 이야기나 문학 작품이 실린 책.
③ 등과 배가 딱딱하고, 느릿느릿 움직이는 동물. 예) 토끼와 ○○○가 경주를 합니다.
⑤ 빨간색의 작고 둥글며 겉에 작은 털이 있는 과일로, 씻어서 먹거나 잼으로도 만들어 먹어요. 관) ○○잼, ○○우유, ○○ 농장
⑦ 나를 낳아주시고 길러주신 두 분을 높여서 부르는 말.

년　　　　월　　　　일

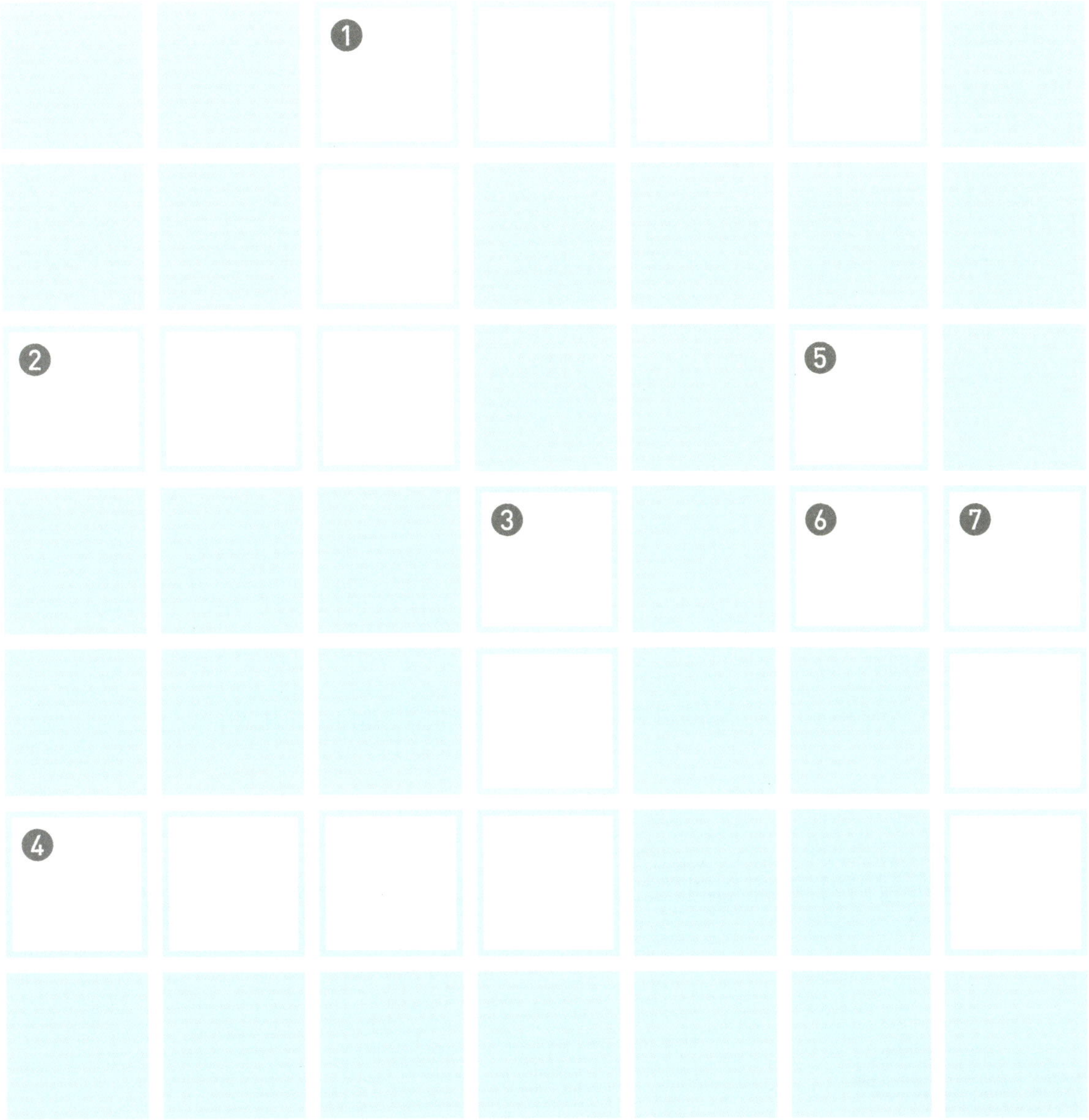

맞춤법 퀴즈 | 알맞은 문장에 ∨를 하세요.

☐ 곰곰이 생각해 보니 화가 났습니다.
☐ 곰곰히 생각해 보니 화가 났습니다.

19 교과서 낱말 퍼즐

가로 퍼즐

① 체리와 비슷한 빨갛고 둥근 과일로, 시고 단맛이 납니다.

③ 지구 표면의 상태를 축소하여 기호와 그림의 형태로 그려놓은 것.
예) 여행이나 등산 갈 때 ○○가 있으면 편리합니다.

⑤ 손에서 다섯 개로 이루어진 몸의 구성원. 관) 엄지○○○, 검지○○○

⑥ 작게 말하는 소리나 남몰래 이야기하는 모양.
예) 나는 엄마 몰래 동생에게 ○○○○ 말했어요.

세로 퍼즐

② 땅속에 굴을 파고 사는 어두운 갈색 동물. 쥐와 비슷한 모양이지만 더 크며, 주둥이가 뾰족하며 앞을 잘 보지 못합니다.

④ 학교, 회사, 나들이 갈 때 식사를 담는 그릇. 또는 담아 온 음식.

⑤ 손 안쪽의 다소 오목한 부분.
예) 손은 손목, 손가락, ○○○ 등으로 이루어져 있습니다.

⑦ 어떤 일이 생기기 전에 남과 앞으로의 일을 정하거나 다짐하는 것. ㅇ ㅅ

년　월　일

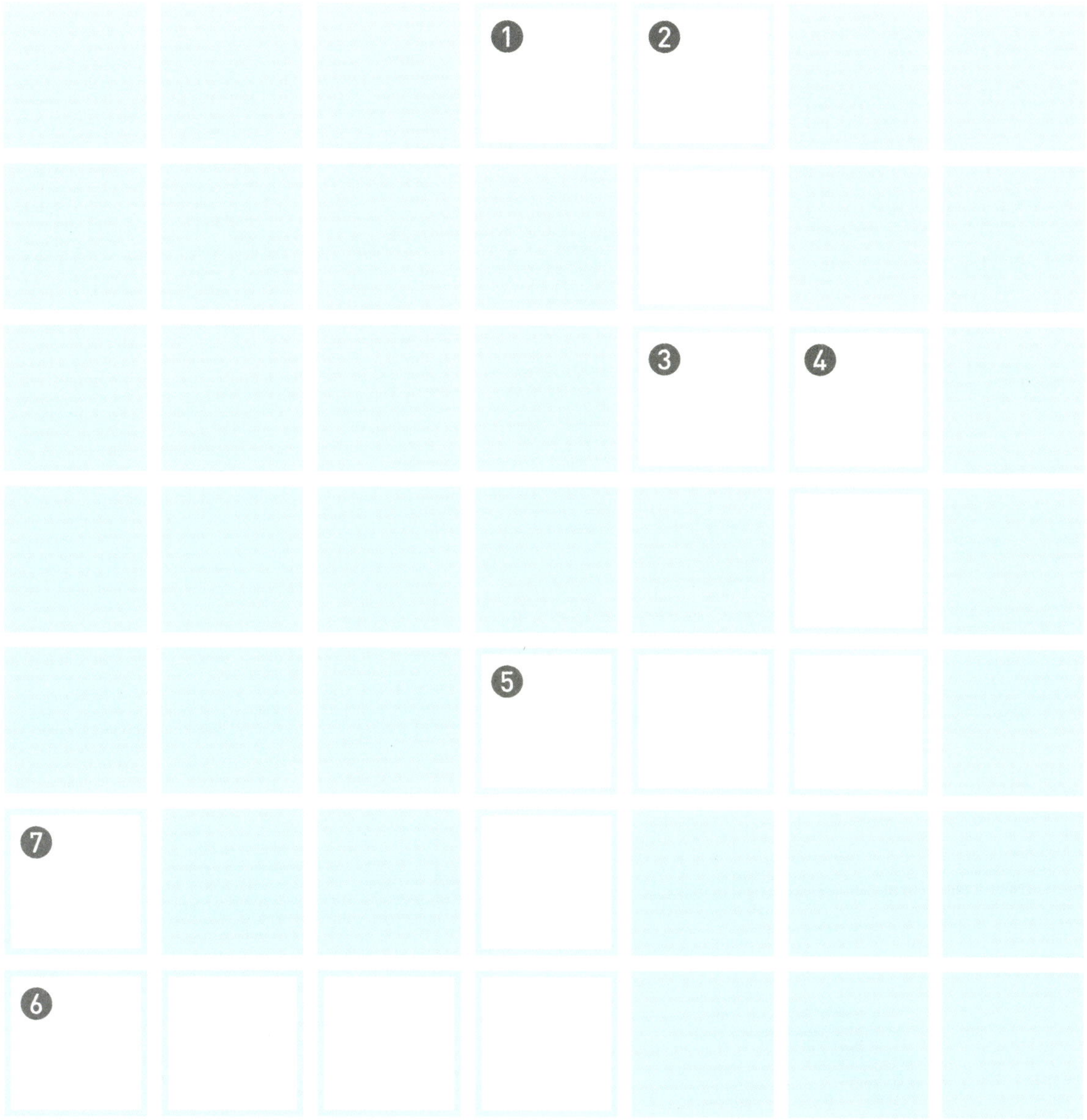

맞춤법 퀴즈 | 알맞은 문장에 ∨를 하세요.

☐ 선녀는 나뭇꾼을 두고 하늘로 올라갔습니다.
☐ 선녀는 나무꾼을 두고 하늘로 올라갔습니다.

20 교과서 낱말 퍼즐

가로 퍼즐

① 카카오 반죽에 설탕, 우유 등을 넣은 달콤한 식품.

② 빛깔이 나도록 바르거나 칠하는 것.
예) 미술 시간에 ○○을 잘했다고 칭찬받았어요.

④ 어린이들의 놀이에 사용하는 유리나 사기로 만든 작고 둥근 것.

⑥ 물, 콜라, 주스와 같은 액체류를 마실 때 사용하는 종이로 만든 컵.
예) 환경 보호를 위해 ○○○ 보다는 개인 컵이나 텀블러를 사용해요.

세로 퍼즐

① 노랑과 파랑을 합친 색. 신호등의 세 가지 색 중 하나.

③ 분필이나 펜으로 쓰는 판. 학교에서 선생님이 많이 사용해요.
예) ○○ 앞에 나가서 수학 문제를 풀었습니다.

④ 파거나 뚫은 빈 곳이 생긴 공간.
예) 양말이 낡아서 ○○이 생겼어요.

⑤ 둥글게 만든 것을 차거나 굴리거나 던지며 노는 놀이. ㄱㄴㅇ

년 월 일

1					4	
2	3					
				5		
			6			

맞춤법 퀴즈 | 알맞은 문장에 V를 하세요.

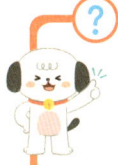

□ 나는 달리기에서 꼴찌를 할까 봐 마음을 졸였습니다.
□ 나는 달리기에서 꼴찌를 할까 봐 마음을 조렸습니다.

21 교과서 낱말 퍼즐

가로 퍼즐

❷ 다각형에서 나란히 붙어 있지 않은 두 꼭짓점을 잇는 직선.
예) 나는 입구에서 왼쪽 ○○○ 끝자리에 앉아 있습니다.

❸ 아이들이 그릇이나 집안 살림을 가지고 노는 장난감 놀이.

❺ 빠른 동작과 각종 도구로 공연을 하거나 신기한 속임수를 부리는 사람.
예) ○○○는 동전이 사라졌다가 나타나는 마술을 선보였습니다.

❻ 요리할 때 사용하는 검은 액체로, 짠맛이 납니다.

세로 퍼즐

❶ 운동경기나 달리기를 할 때 시작하는 선. ㅊ ㅂ ㅅ

❷ 재난이나 긴급한 사태 때 피할 수 있도록 마련해 놓은 장소.
예) 이재민들이 ○○○에서 지내고 있어요.

❹ 머리와 눈썹의 사이에 있는, 얼굴의 윗부분.

❻ 병원에서 의사와 함께 아픈 사람을 돌보는 사람.
예) ○○○는 천사처럼 헌신적으로 환자를 돌보았습니다.

년　　월　　일

❶

❷

❻

❸　　❹

❺

맞춤법 퀴즈 | 알맞은 문장에 V를 하세요.

☐ 할아버지는 돋보기로 책을 읽습니다.
☐ 할아버지는 돗보기로 책을 읽습니다.

22 교과서 낱말 퍼즐

✏️ 가로 퍼즐

① 시를 읊거나 글을 소리를 내어 읽는 것.
예) 시 ○○을 했는데 목소리가 좋다는 소리를 들었어요.

③ 옛날에 물건을 등에 지고 나르는 나무로 만든 기구.

④ 어떤 것을 가진 사람. 또는 소유하는 권리를 가진 사람.
예) 그 지갑의 ○○은 나입니다.

⑤ 오늘의 바로 앞날.

⑥ 바로 뒤의 날. ㅇ ㅌ ㄴ

✏️ 세로 퍼즐

② 소의 새끼나 덜 자란 소를 부르는 말.

④ 작품의 중심이 되는 생각이나 대화의 주요한 부분이 되는 것.

⑤ 나이가 적은 아이를 인격체로서 예를 갖추어 부르는 말.
예) 5월 5일은 ○○○날입니다.

년 월 일

맞춤법 퀴즈 | 알맞은 문장에 V를 하세요.

☐ 뒷사람을 배려해 화장실을 깨끗하게 사용해요.
☐ 뒤사람을 배려해 화장실을 깨끗하게 사용해요.

23 교과서 낱말 퍼즐

🖍️ 가로 퍼즐

② 공부할 때 사용하는 연필, 공책, 지우개, 필통, 가위 등 문구류.
④ 무를 사각형으로 썰어서 담근 김치.
⑥ 목에서 생기는 소리. 발성 기관을 통해서 나는 소리.
　예) 녹음된 나의 ○○○를 들었습니다.
⑧ 책을 전시하고 파는 곳.

🖍️ 세로 퍼즐

① 학교에 처음으로 들어가는 것. 또는 교육받기 위해 학교에 가는 것.　반) 졸업
③ 다른 사람의 잘못에 대해 나무라거나 처벌하지 않고, 관대하게 대하는 것.
　예) 내 스케치북을 찢어놓다니, ○○ 못 해!
⑤ 개구리와 비슷하게 생겼지만 몸집이 더 크며 느리게 기어 다니다가 가끔 뛰어오릅니다.　관) 떡○○○, ○○○집
⑦ 불이 났을 때 출동하는 기관. 화재나 위급한 일이 생겼을 때 구조하는 일을 맡아 보는 곳. ㅅ|ㅂ|ㅅ

054

년　　　월　　　일

❶
❷　❸
❹　❺　　　❻　❼
❽

맞춤법 퀴즈 | 알맞은 문장에 V를 하세요.

☐ 가방을 메고 학교에 갑니다.
☐ 가방을 매고 학교에 갑니다.

24 교과서 낱말 퍼즐

🖉 가로 퍼즐

① 햇빛을 가리거나 멋을 위해 머리를 쓰는 것. 예) 바람에 ○○가 날아갔어요.
② 학교에서 학생들이 책이나 물건을 보관하는 수납장.
③ 흰옷을 입고 마스크를 쓴 채 가늘고 긴 검으로 상대방을 찌르는 경기.
　관) 사브르, 플뢰레, 에페
⑤ 고르고 평평한 아랫부분. 방이나 땅의 아래쪽 면.
　예) 차가운 ○○에 그대로 누웠습니다.

🖉 세로 퍼즐

① 다른 사람이 내놓은 돈을 한곳에 모으는데 사용하는 통.
② 그림을 그리거나 글씨를 쓸 때 사용하는 것. 지우개로 지울 수 없고 크레파스와 달리 잘 번져요. 관) 수성 ○○○, 컴퓨터용 ○○○
④ 부엌에서 음식을 만들거나 재료를 자르거나 그릇을 씻는 곳.
⑤ 기다란 막대기에 날개를 붙여 바람이 불면 빙글빙글 돌아가는 것. 날개 아래의 손잡이를 잡고 달리면 원을 그리면서 움직이는 장난감. ㅂ ㄹ ㄱ ㅂ

056

년   월   일

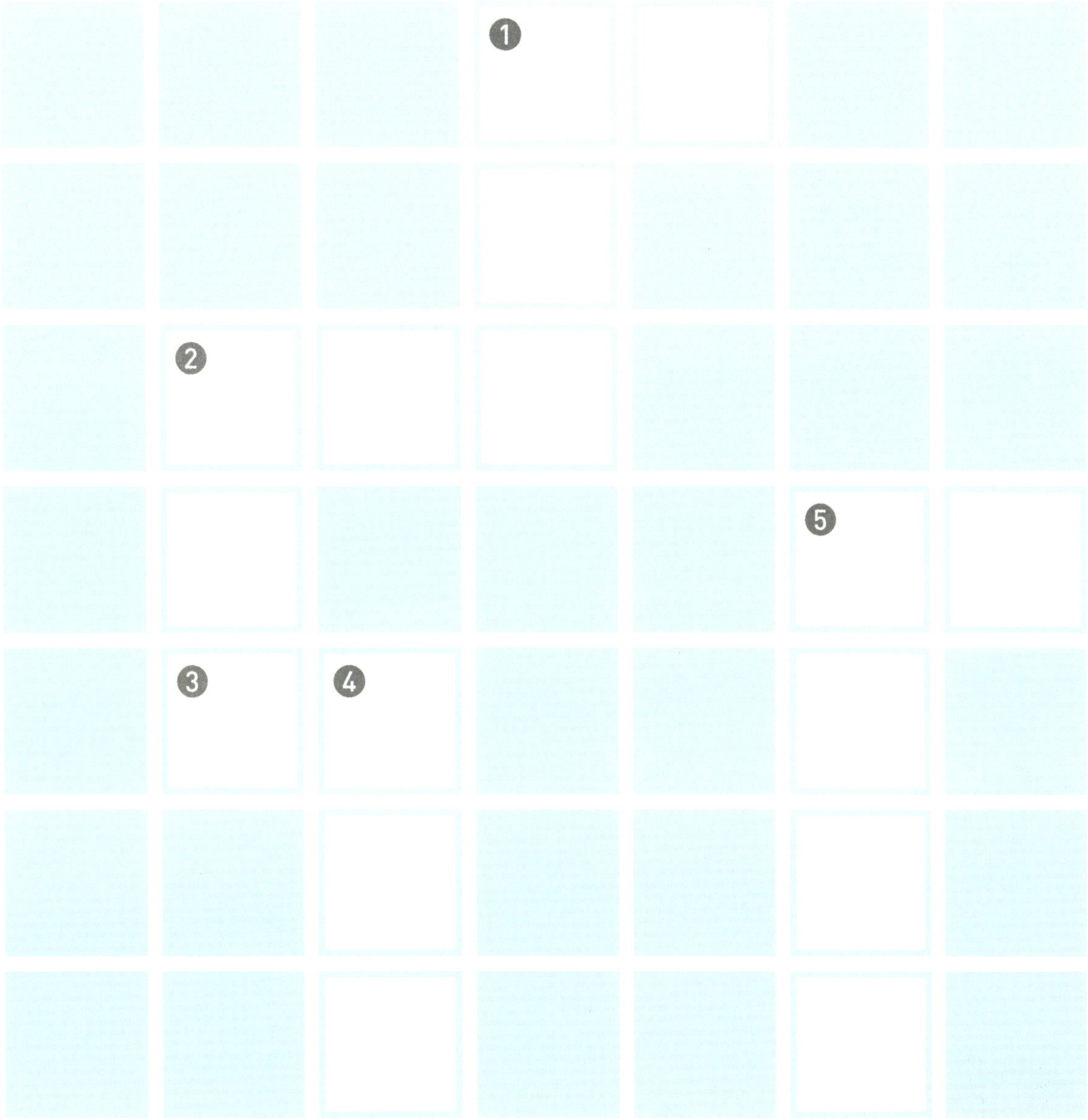

맞춤법 퀴즈 | 알맞은 문장에 V를 하세요.

☐ 현관에서 신발을 벗어요.
☐ 현관에서 신발을 벗어요.

25 교과서 낱말 퍼즐

가로 퍼즐

① 손가락 중 가장 짧은 첫 번째 손가락.
예) 아빠가 ○○○○○을 추켜세웠습니다.

③ 물건의 맨 윗부분.

④ 색이 빨갛고 작고 둥근 과일.
예) ○○ 같은 입술.

⑤ 채소, 생선, 고기 등을 사고파는 곳. 관) 5일장, 10일장

세로 퍼즐

① 나를 낳고 길러주신 분을 편하게 부르는 말.

② 둘로 나누는 것.
반) 모으기

③ 다른 사람에 의해 마음대로 부림을 당하는 사람이나 남에 의해 움직이는 사람.

⑥ 일이 생기거나 사건이 발생한 곳. ㅈ ㅅ
예) 약속 ○○에 친구가 늦게 나타났어요.

❶ ❷

❸

❹

❺ ❻

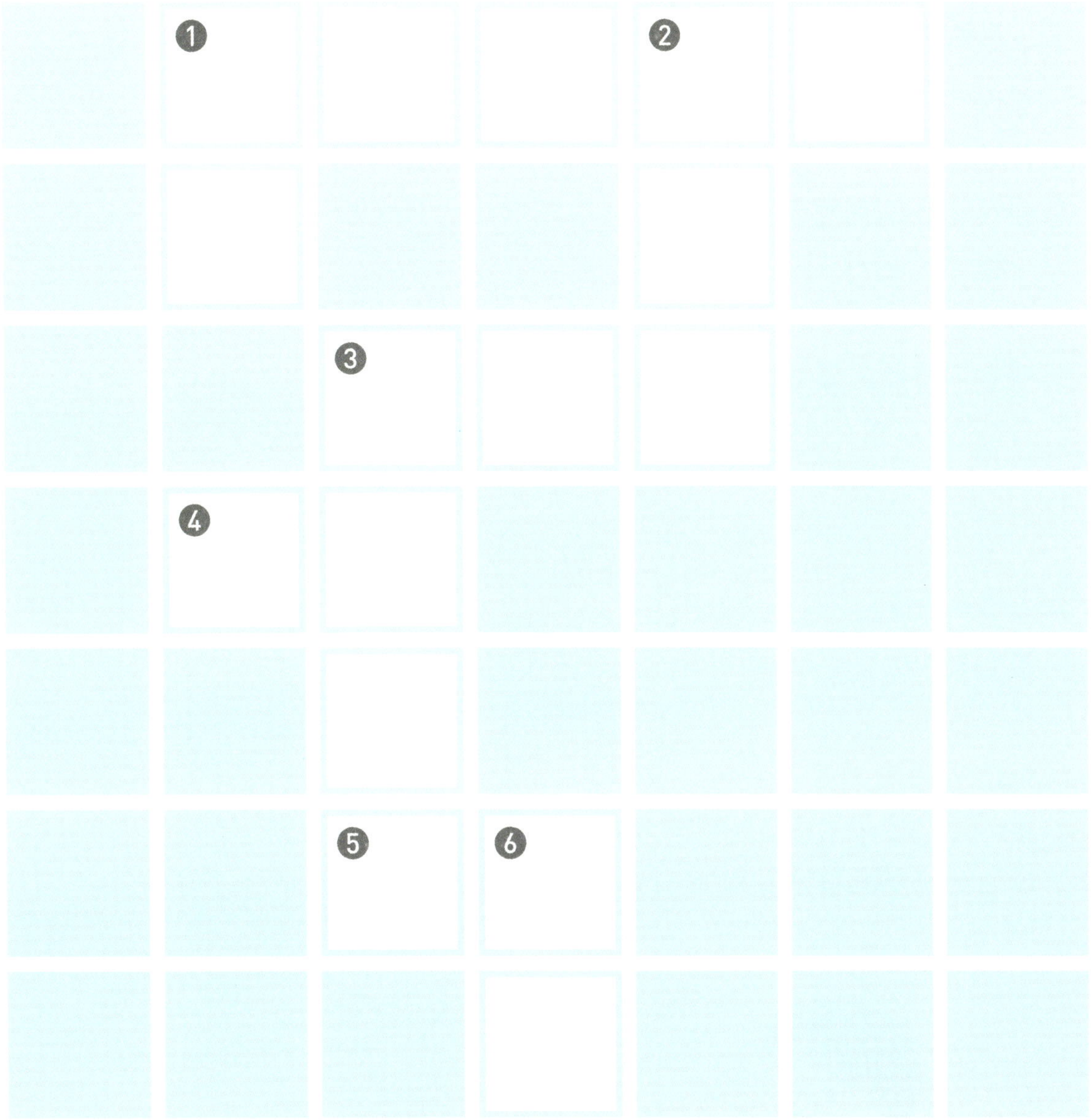

맞춤법 퀴즈 | 알맞은 문장에 ∨를 하세요.

☐ 옷에 고기 냄새가 배었어요.
☐ 옷에 고기 냄새가 베었어요.

26 교과서 낱말 퍼즐

가로 퍼즐

① 불에서 열과 빛이 생기는 것.
   예) 바닷가에서 화약이 꽃잎처럼 터지는 ○○놀이를 했습니다.

③ 개와 같은 반려동물 중 하나로, 쥐를 잡거나 공격해요.

⑤ 어떤 것을 알기 위해 묻는 것.
   반) 대답, 응답

⑦ 뱀보다 가늘고 짧으며 많은 마디로 되어 있으며 땅속에 주로 삽니다. 비 오는 날 자주 볼 수 있으며 낚시할 때 미끼로 사용해요. ㅈ ㄹ ㅇ

세로 퍼즐

② 꽃을 받치고 있는 가지 위의 덩어리나 꽃의 전부.
   예) 이른 봄이 되자 ○○○가 만발했습니다.

④ 이를 닦는 것.

⑥ 문이나 성을 감시하고 지키는 사람.

⑧ 다른 것과 분별하기 위해 붙이는 명칭. 사람의 성과 함께 부르는 말.
   예) 공책에 ○○을 쓰세요.

년　　　월　　　일

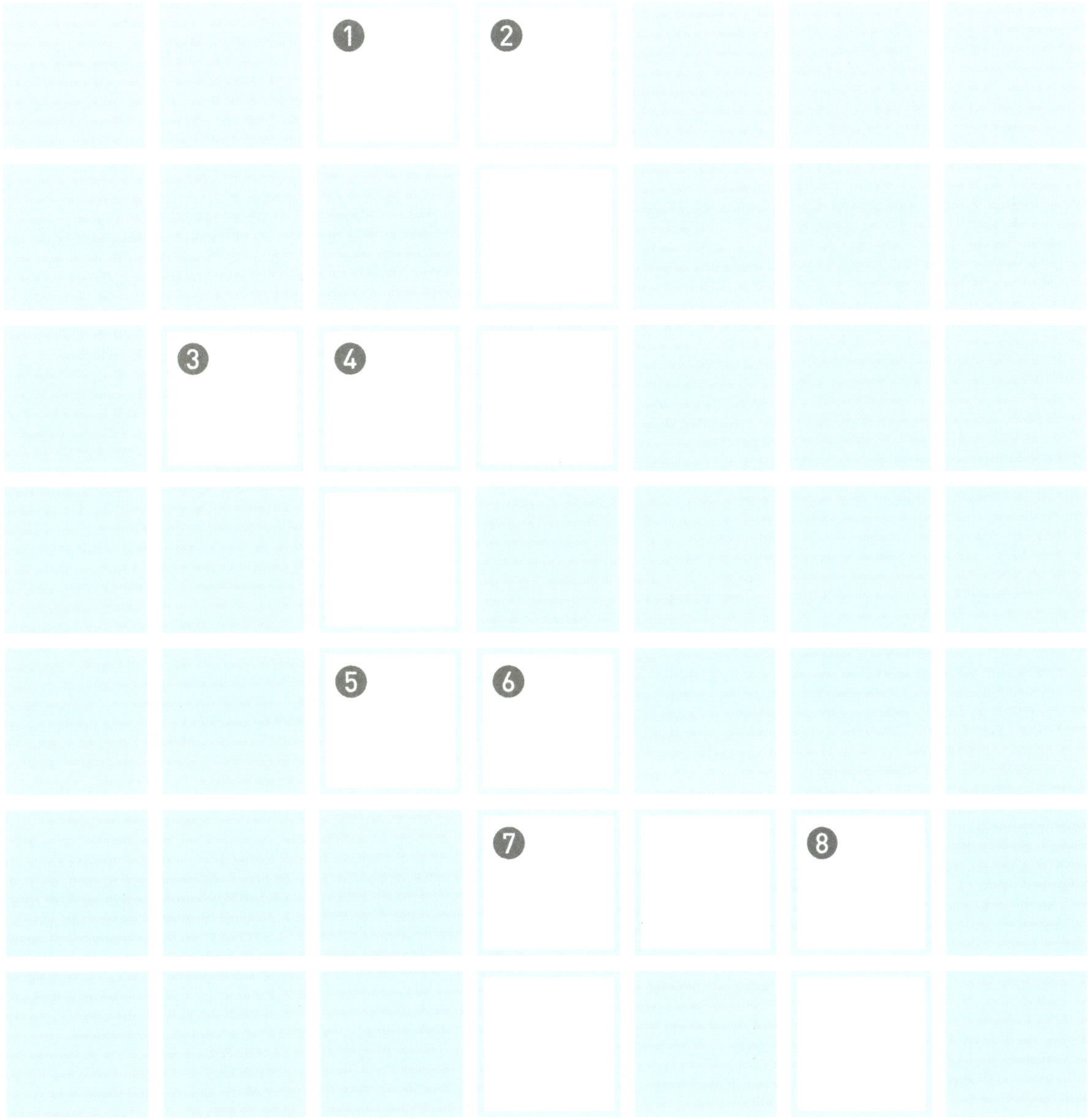

맞춤법 퀴즈 | 알맞은 문장에 V를 하세요.

☐ 엄마는 사 남매 중 세째입니다.
☐ 엄마는 사 남매 중 셋째입니다.

27 교과서 낱말 퍼즐

가로 퍼즐

① 음악에 맞추어 일정한 법칙에 따라 동작하는 것.
  예) 음악을 들으며 단체로 ○○을 선보였어요.

③ 병원에서 진찰하고 병을 치료하는 것을 전문으로 사람. 관) 병원, 간호사

⑤ 사과, 복숭아, 귤 등 단맛이 나고 과즙이 풍부한 열매.

⑦ '호주'의 또 다른 나라 이름. 수도는 캔버라입니다.

세로 퍼즐

② 의견이나 생각이 같음.
  예) 나는 희수의 의견에 ○○합니다.

④ 모양은 둥글며 빨갛지만 더러 연두색과 노란색도 있는 과일. 예전에는 대구에서 많이 생산되었지만 요즘은 충주, 청송 등 다양한 지역에서 납니다.
  관) 홍옥, 부사, 국광

⑥ 일주일 중 토요일의 다음 날.

⑧ 짐이나 물건을 운반하는 자동차. ㅌ ㄹ

년 월 일

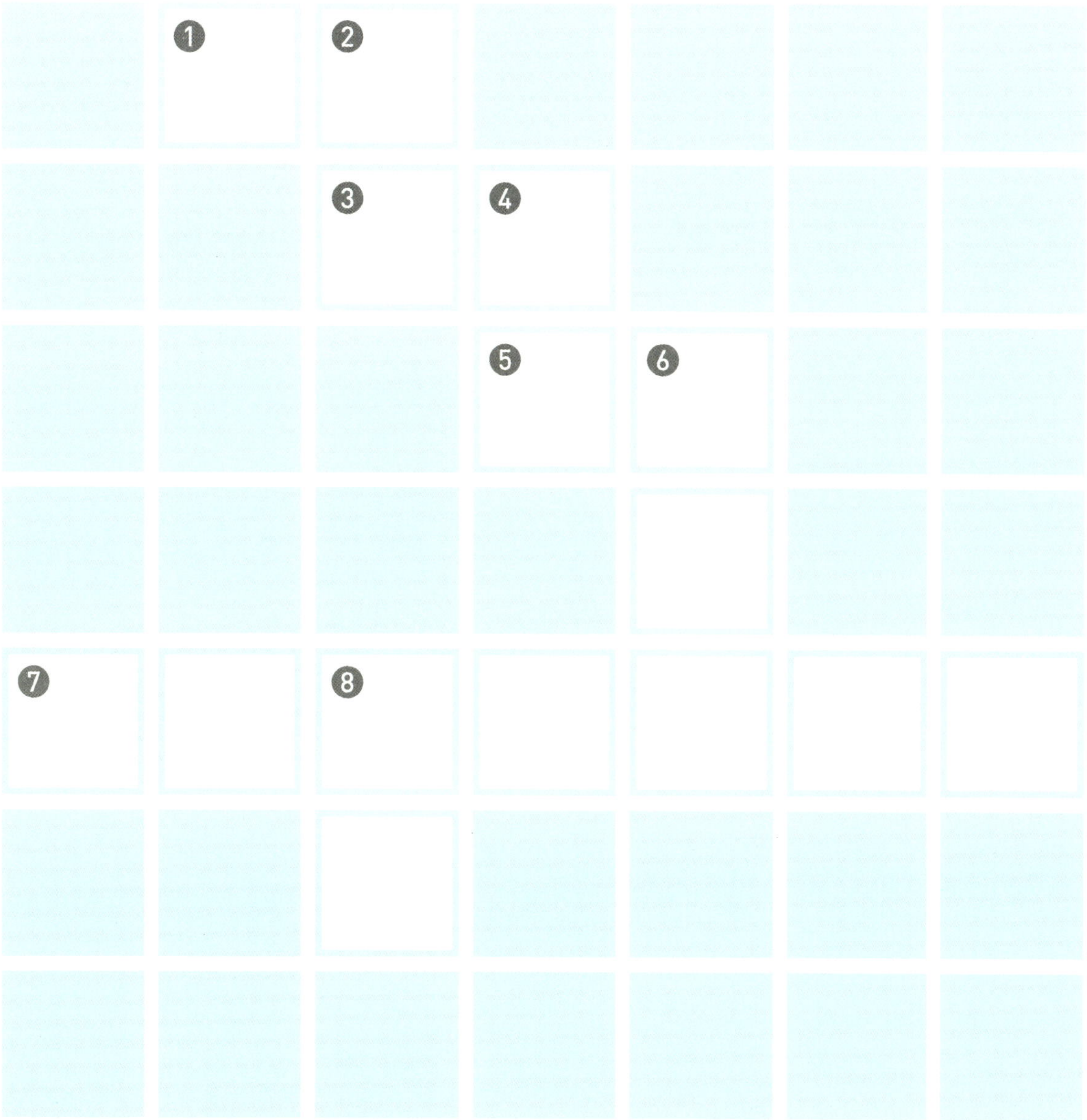

맞춤법 퀴즈 | 알맞은 문장에 V를 하세요.

☐ 나는 발레 학원에 다닙니다.
☐ 나는 발래 학원에 다닙니다.

두뇌 똑똑 재치 톡톡

※ <보기>를 참고하여 수수께끼의 정답을 맞혀 보세요.

보기

연산군 / 치과 / 머리 / 파도가 칠 때 바위에 부딪혀 멍이 들어서
멕시코 / 그림의 떡 / 백조 / 아야어여오요우유

① 떡은 떡인데 못 먹는 떡은?

② 이상한 사람들이 모이는 곳은?

③ 세상에서 제일 큰 코는?

④ 바다가 파란 이유는?

⑤ 동물 중에서 가장 비싼 동물은?

⑥ 세종대왕이 마시는 우유는?

⑦ 수학을 가장 잘했던 임금은?

⑧ 쓰면 쓸수록 좋아지는 것은?

※ **초성 힌트를 보고 수수께끼의 정답을 맞혀 보세요.**

① 산은 산인데 넘지 못하는 산은? ㅇ ㅅ

② 돈을 제일 낭비하는 동물은? ㅅ ㅈ

③ 물에 빠지면 가장 먼저 만나는 적은? ㅎ ㅇ ㅈ

④ 허수아비의 아들 이름은? ㅎ ㅅ

⑤ 매일 검은색 옷만 입고 다니는 것은? ㄱ ㄹ ㅈ

⑥ 얼굴은 흰색인데 두 눈에 선글라스를 낀 것은? ㅍ ㄷ

⑦ 세상에서 가장 뜨거운 과일은? ㅊ ㄷ ㅂ ㅅ ㅇ

28 교과서 낱말 퍼즐

가로 퍼즐

② 학교에서 학생들이 뛰어놀고 운동을 하는 넓은 곳.

④ 수세미처럼 설거지나 청소할 때, 몸을 씻을 때 사용합니다. 물을 잘 빨아들이며 부드럽고 스프링처럼 탄성이 뛰어납니다.

⑤ 상처나 질병을 완화하거나 건강한 상태로 고치는 것.
예) 충치 ○○를 위해 치과에 갔습니다.

⑥ 네 가지 방향. 모든 향하는 쪽.
예) 휴가 동안 속초를 ○○○○ 돌아다녔습니다.

세로 퍼즐

① 스키를 이용하거나 타는 곳.
예) 나는 ○○○에서 눈썰매를 탔어요.

③ 여러 사람과 집이 모여 있는 곳.

④ 그림을 그리는 종이를 모아 엮은 책.
예) 나는 ○○○○에 밑그림을 그렸습니다.

⑦ 누나와 남동생 또는 오빠와 여동생을 부르는 말. ㄴ ㅁ

| | | 년 | 월 | 일 |

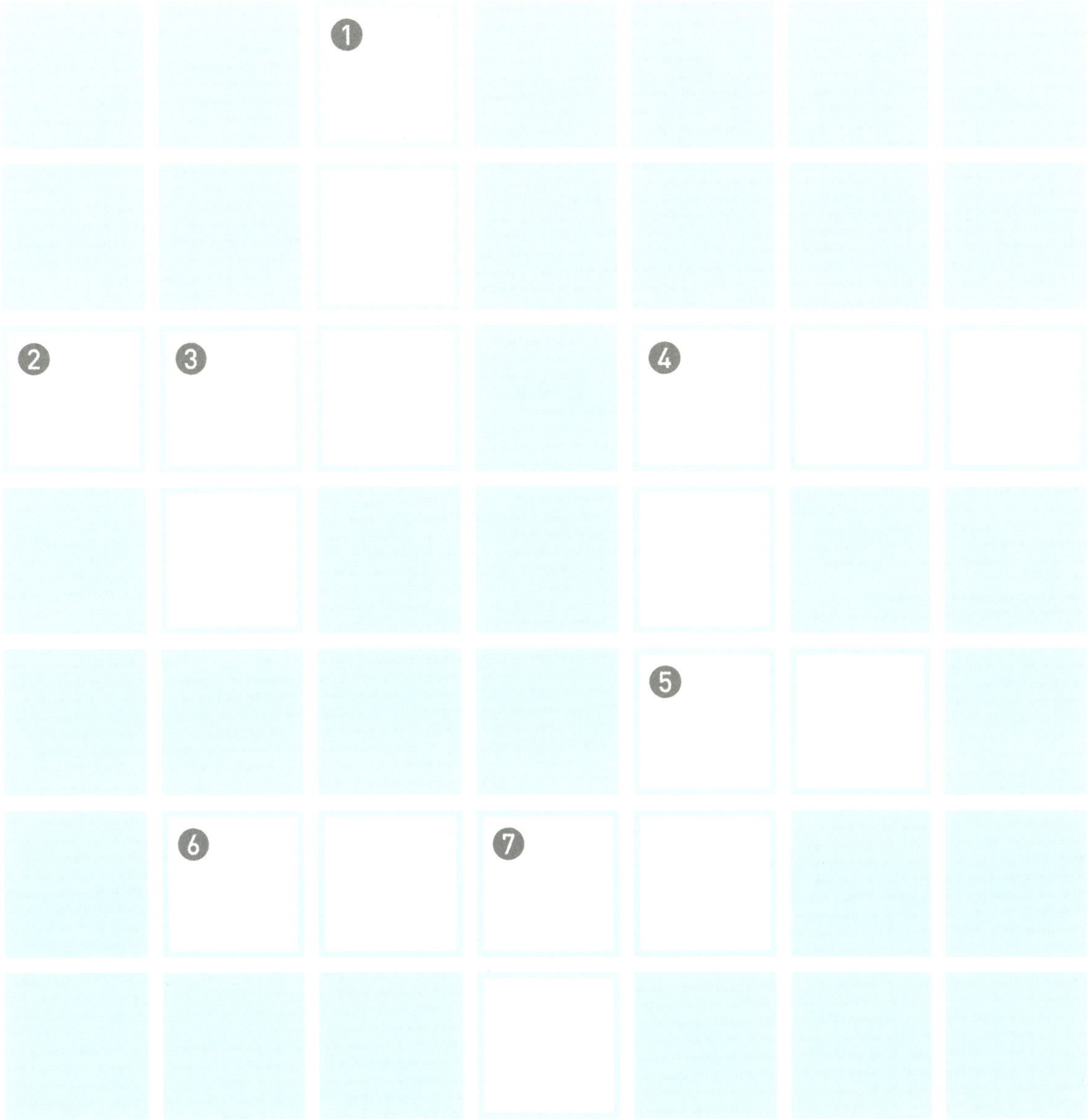

맞춤법 퀴즈 | 알맞은 문장에 V를 하세요.

☐ 나는 그것에 대해 솔직히 말씀드렸어요.
☐ 나는 그것에 대해 솔직이 말씀드렸어요.

29 교과서 낱말 퍼즐

가로 퍼즐

② 나뭇잎이 노란색이나 붉은색으로 물드는 것.

⑤ 불이나 재난이 생겼을 때, 피할 수 있도록 만든 문이나 사람이 드나드는 곳.
예) ○○○에 물건을 쌓아 놓으면 안 돼요.

⑥ 여러 송이의 꽃이 묶여 있거나 많은 것. ㄲ ㄷ ㅂ

세로 퍼즐

① 1부터 9까지 숫자를 곱한 공식.
예) 나는 이제 3단을 외울 수 있어요.

③ 꽃에 달린 여러 조각. 꽃을 구성하고 있는 하나하나의 부분.

④ 입으로 불거나 기체를 넣어 하늘에 떠오르게 만든 것. 빨간색, 노란색, 파란색 등 색깔이 다양하며 생일 파티에 소품으로 사용해요.

⑤ 밥에 나물과 고기를 넣고 고추장, 간장 같은 것에 비벼 먹는 음식.
예) ○○○은 외국인이 좋아하는 우리나라 요리입니다.

⑦ 발의 아래쪽. 넓고 평평한 발가락부터 뒤꿈치까지 부위.
예) 많이 걸어서 ○○○이 아팠어요.

맞춤법 퀴즈 | 알맞은 문장에 ∨를 하세요.

☐ 눈을 지그시 감았어요.
☐ 눈을 지긋이 감았어요.

30 교과서 낱말 퍼즐

✏️ 가로 퍼즐

② 고모의 아들, 딸을 부르는 말.

④ 머리를 장식하는 끈. 선물할 때 사용하는 띠.
예) 선물상자를 ○○으로 장식해서 예쁩니다.

⑥ 오늘의 뒤에 오는 날.

⑧ 다른 사람의 글을 끌어 쓰거나 말을 이용하는 것. ○○

✏️ 세로 퍼즐

① 문에 설치되어 사람을 호출할 때, 방문자가 도착했음을 알리는 종.
예) 택배가 도착했는지 ○○○이 울렸습니다.

③ 높은 곳에 오르고 내리기 위해 사용하는 기구.

⑤ 어떤 것의 교훈이나 증명으로 삼을 만한 대표적인 것. 본을 따를 만한 인물.
예) 모범적인 그 선수는 후배들에게 좋은 ○○○가 됩니다.

⑦ 보통 한 번 사용하고 마는 생활용품.
관) 종이컵, 나무젓가락, 빨대, 은박그릇, 물티슈 등

년   월   일

맞춤법 퀴즈 | 알맞은 문장에 V를 하세요.

☐ 보름달에게 소원을 빌었어요.
☐ 보름달에게 소원을 빌렸어요.

31 교과서 낱말 퍼즐

✏️ 가로 퍼즐

① 눈으로 보고 감상하는 그림, 공예, 조각, 건축 등의 아름다움을 나타낸 예술.
관) 현대 ○○, 근대 ○○, 바로크 ○○, 화가

③ 일정한 기간마다 원고와 사진을 수록하여 발행하는 출판물. 관) 주간, 월간, 계간

④ 하나의 국가를 상징하는 깃발. 태극기, 일장기, 성조기 등이 있어요.

⑤ 동화책이나 서양의 전설에 나오는 신령스럽고 기묘한 행위를 하는 인간과 비슷한 초자연적 존재.
예) 동화 《피터 팬》에는 ○○ 팅커벨이 등장합니다.

⑥ 사람 형태로 만든 눈 뭉치. | ㄴ | ㅅ | ㄹ |

✏️ 세로 퍼즐

② 몸을 감춘 사람을 술래가 찾는 놀이. 비) 숨바꼭질

⑤ 음식을 전문적으로 하거나 직업으로 하는 사람.

⑥ 눈 위에서 미끄럼을 타며 노는 탈것.
예) 겨울방학에 놀이동산에서 ○○○를 탔습니다.

년   월   일

맞춤법 퀴즈 | 알맞은 문장에 ∨를 하세요.

☐ 엄마가 김치를 쓸어요.
☐ 엄마가 김치를 썰어요.

32 교과서 낱말 퍼즐

가로 퍼즐

② 코에 있는 구멍.

⑤ 여러 사람이 돈을 내고 타는 길고 큰 차. 관) 고속○○, 시내○○, 시외○○

⑥ 열이나 압력을 주어 원하는 모양을 만들 수 있는 재료. 가볍고 단단하여 다양한 물건을 만들 수 있지만, 환경 오염의 문제가 되고 있어요.
관) 장난감, 그릇, 학용품 등

세로 퍼즐

① 사람이나 동물이 안으로 드나드는 통로나 길.

② 코로 부르는 음악. 콧구멍을 울려서 내는 노래.
예) 형은 기분이 좋은지 ○○○를 흥얼거렸어요.

③ 짚으로 만든 사각형의 물건으로, 마당에 깔거나 펴 놓아요.
예) ○○을 깔아줘도 말을 하지 못했습니다.

④ 6~10월에 길가나 들에 피는 꽃으로 분홍, 자주, 흰색이 있어요.

⑥ 기차가 들어오고 승객들이 타고 내리는 장소. | 프 | 르 | 프 |

년 월 일

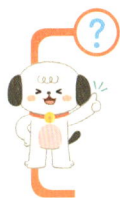

	1					
2		3			4	
				5		
			6			

맞춤법 퀴즈 | 알맞은 문장에 V를 하세요.

☐ 이번 행사에서 할인율은 30%야.

☐ 이번 행사에서 할인률은 30%야.

33 교과서 낱말 퍼즐

가로 퍼즐

① 할아버지, 할머니들이 사용하는 작은 것을 잘 보이도록 하는 기구.

③ 우리나라 최대의 섬이자 화산섬.

⑤ 어떠한 자리 또는 사람이나 물건이 있는 지점.
예) 텔레비전에 나온 수제비 맛집의 ○○가 어디야?

⑦ 불행한 일이나 사고가 일어나지 않은 편안한 상태.
예) 무엇보다 ○○이 제일 중요합니다.

세로 퍼즐

② 피부가 거칠어지는 것을 방지하고 피부에 수분을 주는 로션이나 크림.
예) 나는 피부가 건조해서 겨울에 ○○○를 자주 바릅니다.

④ 6개의 면에 한 개부터 여섯 개까지의 작은 동그라미를 새긴 놀이 도구.
예) 운명의 ○○○는 던져졌습니다.

⑥ 아래에 입는 옷으로, 가랑이가 없으며 허리에 걸치는 것.

⑦ 특정 정보나 내용을 표시하는 판. 유명한 관광지나 화장실과 같은 곳의 위치를 알려 줘요. ㅇ ㄴ ㅍ

년   월   일

❶ ❷   ❼

❸ ❹

❺ ❻

 **맞춤법 퀴즈** | 알맞은 문장에 V를 하세요.

☐ 이마에 땀이 맺혔어요.
☐ 이마에 땀이 맺쳤어요.

34 교과서 낱말 퍼즐

가로 퍼즐

① 친한 벗. 오랜 기간 함께 지낸 동무.
③ 도끼로 자르거나 쪼개는 것. 예) 나무꾼이 ○○○을 합니다.
⑤ 동네 사람들의 안전과 재산을 지켜주는 관청.
⑦ 무언가를 보태거나 더 넣거나 채우는 것.
　예) 엄마가 커피에 설탕을 ○○합니다.

세로 퍼즐

② 물속에 가라앉지 않도록 하는 안전 조끼.
④ 생명이 질기다고 해서 이름이 붙여진 풀. 들과 산, 길가에서 흔히 볼 수 있는 식물로 땅바닥에 붙어서 자라요.
　예) 봄이 되자 쑥, 냉이, ○○○가 쑥쑥 자라납니다.
⑥ 생산과 소비에 필요한 노동을 제공하거나 시중을 들거나 돕는 것.
　예) 그 백화점은 고객 ○○○가 만족스러웠어요.
⑦ 하늘과 별의 움직임을 관찰하던 동양에서 가장 오래된 천문대. 경주에 가면 볼 수 있어요. ㅊ ㅅ ㄷ

년　　　월　　　일

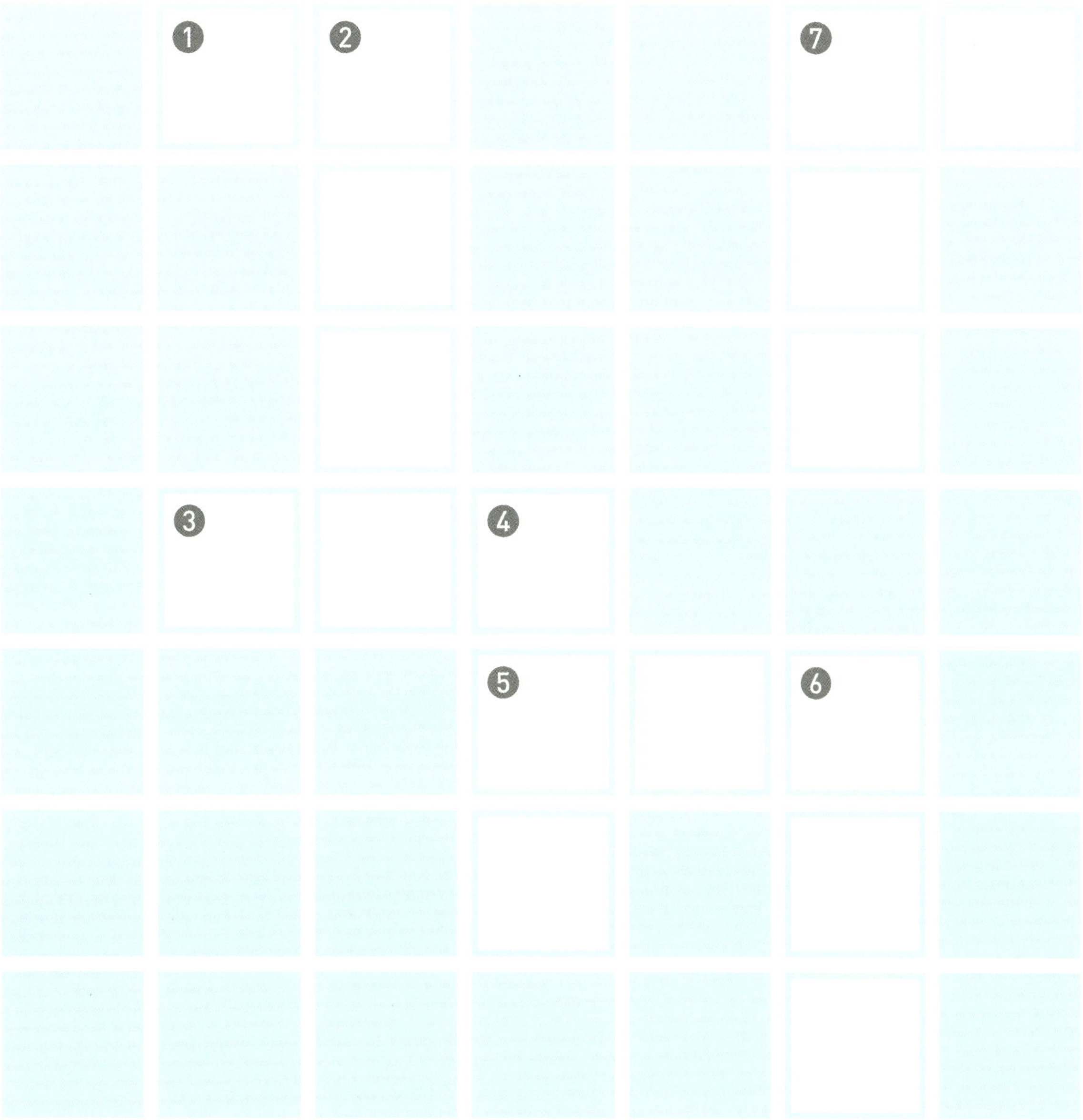

맞춤법 퀴즈 | 알맞은 문장에 ∨를 하세요.

☐ 내일 11시에 뵈요.
☐ 내일 11시에 봬요.

35 교과서 낱말 퍼즐

가로 퍼즐

1. 물건의 바깥에 보이는 여러 가지 모양. 옷감을 꾸미기 위한 다양한 모양.
2. 거실, 교실 등의 안에서 신는 신발.
4. 꼬불꼬불하게 구부러진 모양.
   예) ○○○ 할머니가 ○○○ 고갯길을 넘어가요.
5. 육지 중 가운데가 푹 패어 물이 모여 있는 곳.
   예) ○○에서 오리배를 탔습니다.
6. 잠을 잘 때 덮는 천. 관) 겨울 ○○, 여름 ○○, 솜○○

세로 퍼즐

1. 우리나라를 상징하는 대표적 꽃.
3. 빵, 떡의 안에 채워 넣는 단맛이 나는 팥.
   예) ○○ 없는 찐빵
5. 사자와 함께 맹수의 대표적 동물로 검은 줄무늬가 있어요. 단군 신화에 곰과 함께 나오는 동물입니다. ㅎ ㄹ ㅇ

년 월 일

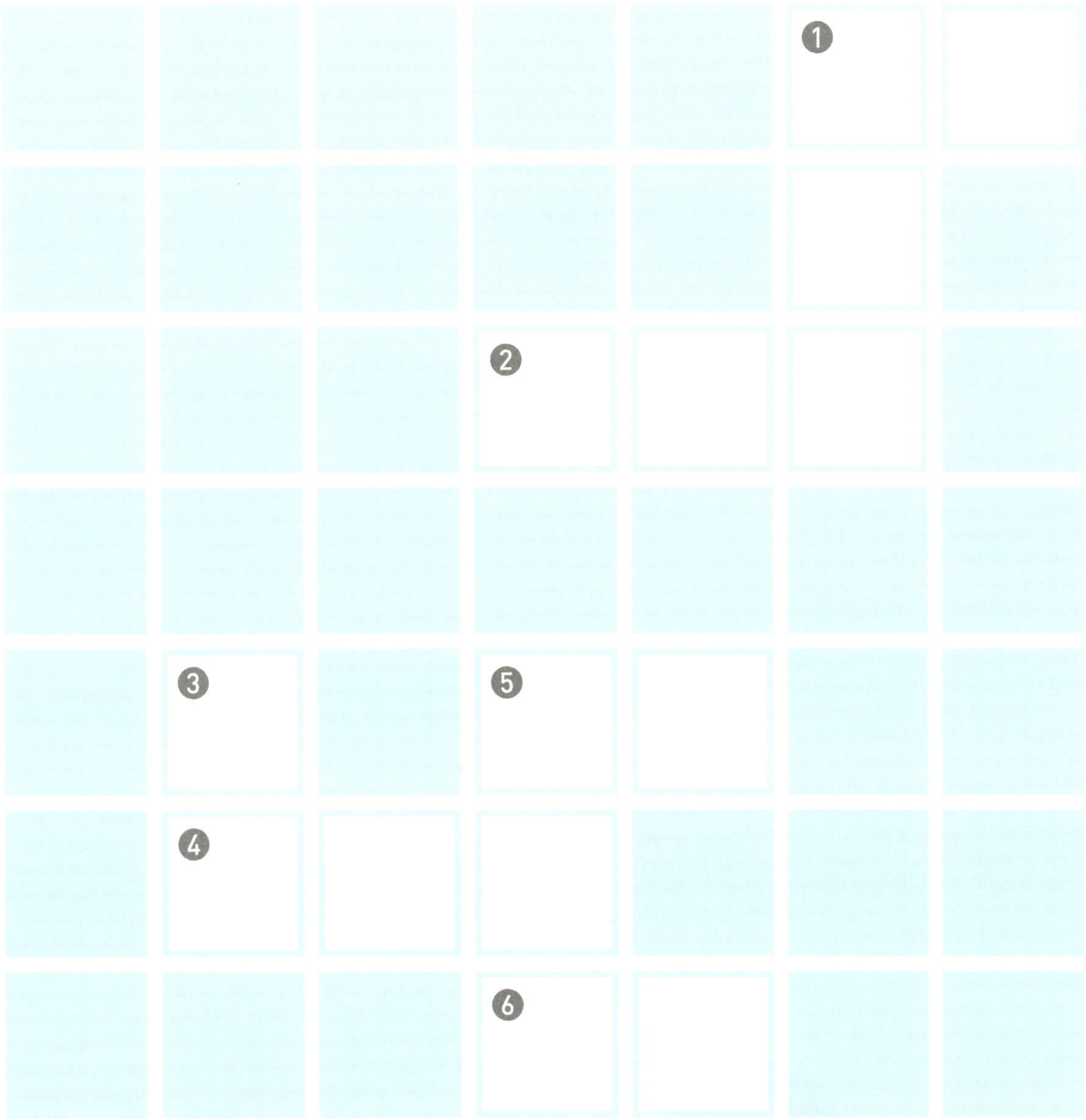

 **맞춤법 퀴즈** | 알맞은 문장에 V를 하세요.

☐ 이웃에게 인사하기가 어쩐지 쑥쓰러워요.
☐ 이웃에게 인사하기가 어쩐지 쑥스러워요.

36 교과서 낱말 퍼즐

가로 퍼즐

① 지구에서 육지를 뺀, 물이 모여 있는 지역. 예) 형은 ○○에서 서핑을 탔습니다.
② 베이거나 다쳤을 때 남는 흔적.
③ 빨강, 파랑, 노랑 등 다양한 색깔의 종이. 미술 시간이나 종이접기를 할 때 사용해요.
⑤ 물건 귀퉁이의 날카로운 가장자리.
　예) 아기가 ○○○에 부딪치자 엄마가 보호대를 설치했습니다.

세로 퍼즐

① 구멍에 실을 넣어서 천을 깁거나 옷을 수선할 때 사용하는 도구.
　예) ○○ 도둑이 소도둑 된다.
② 내가 겪지 않은 것이나 새로운 것을 머릿속에 펼쳐보거나 생각하는 것.
　예) 나는 미국에 가보지는 않았지만 ○○을 펼쳐보았어요.
④ 어머니의 언니나 여동생을 부르는 낱말.
⑥ 우리나라의 수도. ㅅ|ㅇ

년　　　월　　　일

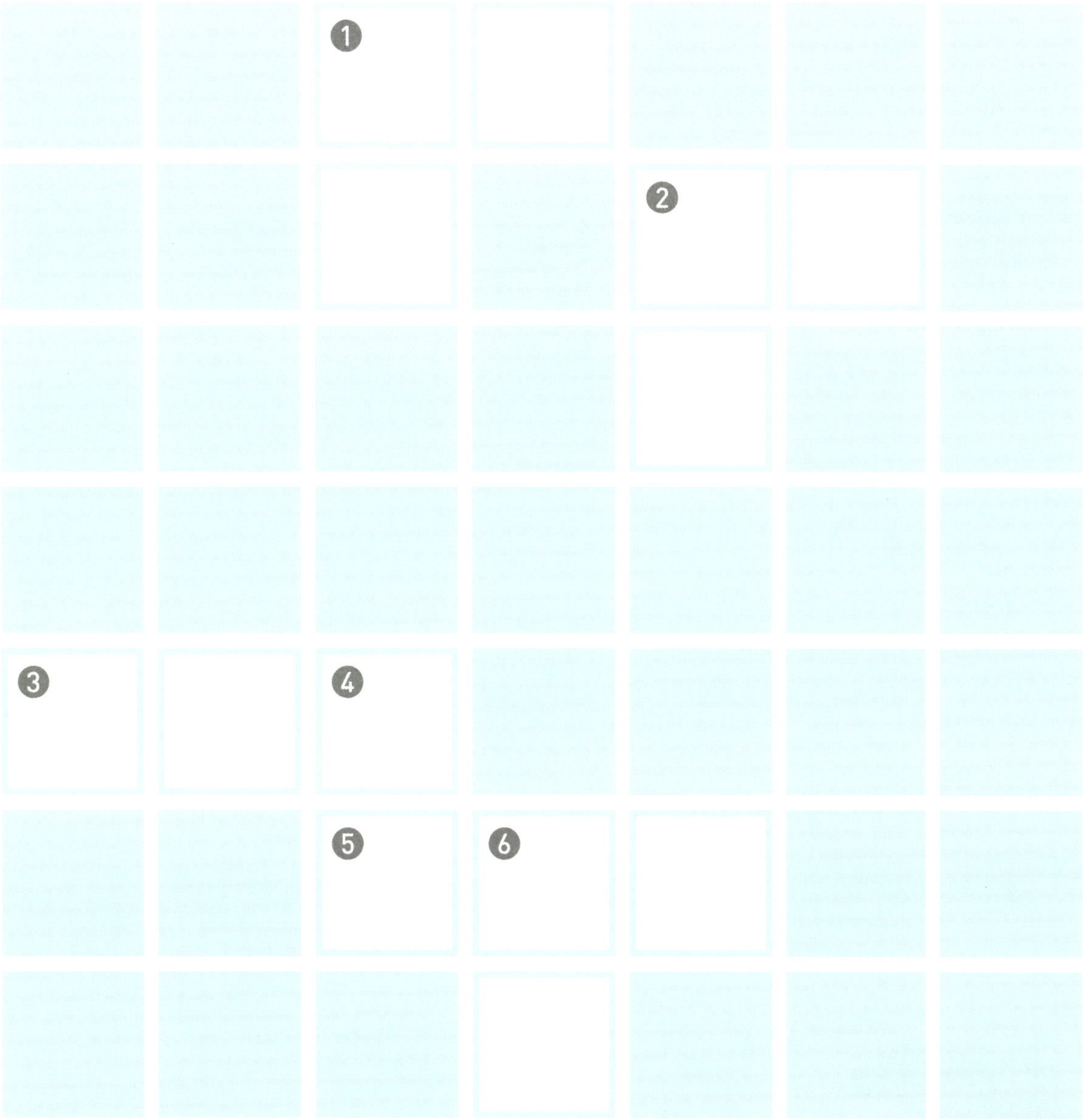

맞춤법 퀴즈 | 알맞은 문장에 V를 하세요.

☐ 벽시계가 똑딱똑딱 소리를 냅니다.
☐ 벽시계가 똑닥똑닥 소리를 냅니다.

37 교과서 낱말 퍼즐

가로 퍼즐

① 실을 맨 연을 높이 날리는 것.

③ 잠이 오거나 피곤할 때 입을 열거나 숨을 내뱉는 것.

④ 노랑과 빨강을 섞은 색.
예) 당근은 ○○○입니다.

⑥ 손과 발로 공격·방어하는 우리나라 전통 운동이자 세계적 스포츠.
예) 나는 ○○○를 흰 띠부터 시작했습니다.

세로 퍼즐

② 여행을 추억하기 위해, 특별한 날을 기억하기 위해 사거나 나누는 물건.
예) 해외여행을 가서 열쇠고리를 ○○○으로 샀습니다.

③ 땅과 반대되는 곳. 땅 위나 수평선 위의 공간.

⑤ 땅 밑에 있는 누런 흙으로 온돌방을 만들거나 한옥을 만들 때 사용합니다.
예) 찜질방은 ○○로 지어져서 따뜻하고 건강에도 좋아요.

⑦ 글러브를 낀 두 사람이 상대를 때리고 방어하는 운동 종목. ㄱ ㅌ

년 월 일

	1			2		
			3			
4	5			6	7	

맞춤법 퀴즈 | 알맞은 문장에 V를 하세요.

☐ 나는 열심히 공부합니다.
☐ 나는 열심이 공부합니다.

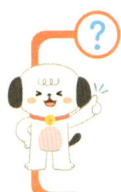

두뇌 똑똑 재치 톡톡

※ 각 나라와 그 수도를 알맞게 연결하세요.

| 그리스 | 영국 | 프랑스 | 오스트리아 |

| 파리 | 아테네 | 빈 | 런던 |

※ 각 나라와 그 수도를 알맞게 연결하세요.

| 인도 | 태국 | 이탈리아 | 헝가리 |

부다페스트   로마   방콕   뉴델리

38 교과서 낱말 퍼즐

가로 퍼즐

② 전자의 움직임으로 만든 시계. 화면에 숫자를 나타내는 시계.

④ 고맙게 여기는 느낌이나 남에게 받은 도움을 갚고 싶은 마음.
예) 부모님 은혜에 ○○해요.

⑦ 북, 장구, 징, 꽹과리 등을 연주하거나 농악을 치며 춤추는 단체. ㄴ ㅇ ㄷ

세로 퍼즐

① 교통사고를 방지하고 교통 규칙과 질서를 어기지 않고 잘 따르는 것.
예) 어린이 보호구역에서는 ○○○○을 지켜야 합니다.

③ 어떤 것을 할 수 있다는 단단한 마음. '할 수 있어!'라는 마음으로 가득 찬 것.

⑤ 아버지 형제자매의 자녀.
예) 고종○○은 고모의 딸과 아들을 부르는 말입니다.

⑥ 생일이나 모임에 참석해줄 것을 요청하는 쪽지나 편지.

⑦ 농업 활동을 할 때 이용하는 기구.
관) 경운기, 트랙터, 탈곡기 등

088

년 월 일

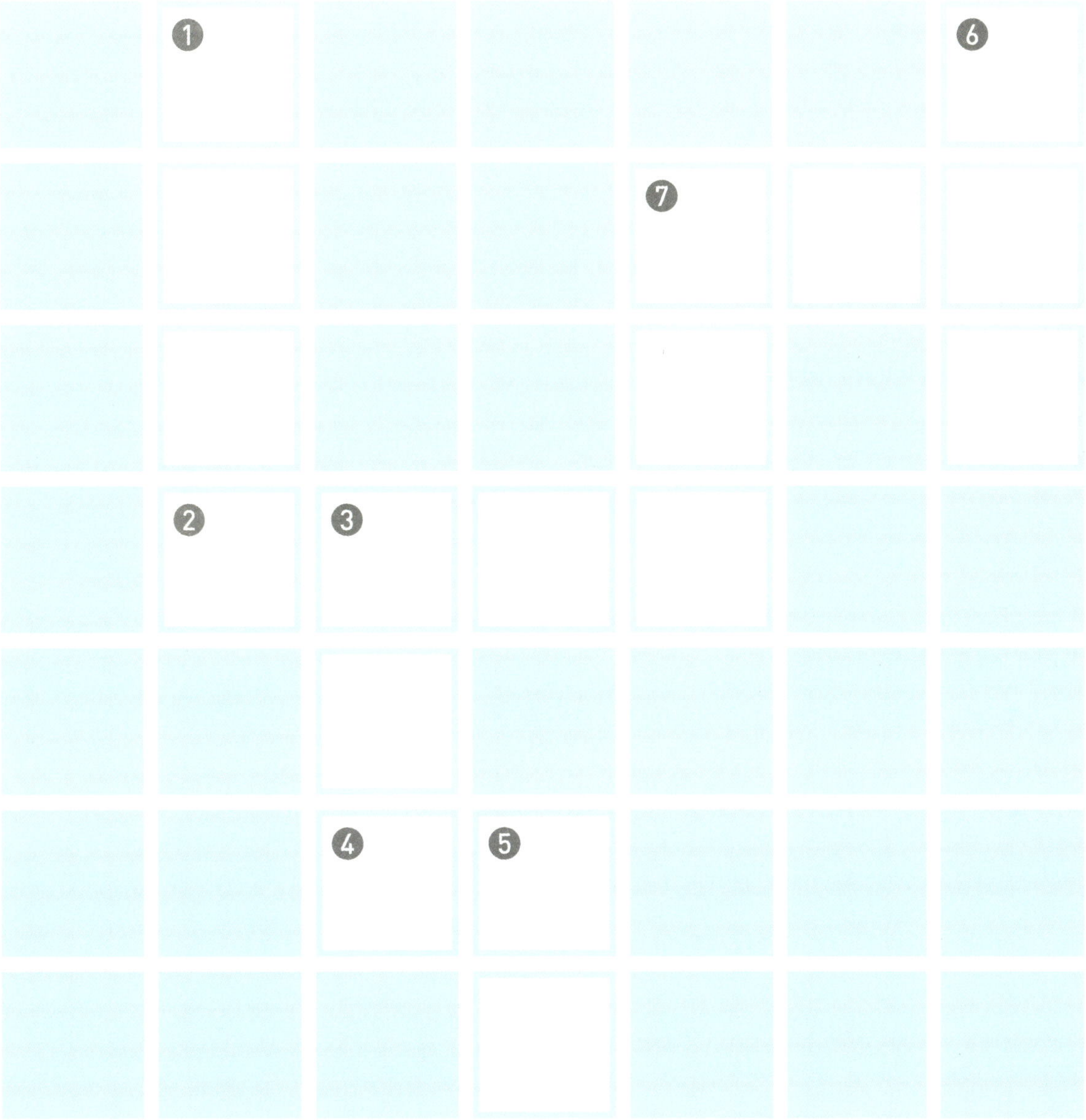

맞춤법 퀴즈 | 알맞은 문장에 V를 하세요.

☐ 쩨쩨하게 굴지 말고, 너그럽게 용서해.
☐ 째째하게 굴지 말고, 너그럽게 용서해.

39 교과서 낱말 퍼즐

가로 퍼즐

1. 사슴과 고라니의 중간 크기의 동물로 엉덩이가 하얗고 수컷에 세 갈래의 작은 뿔이 있어요.
   예) ○○궁뎅이버섯은 ○○의 엉덩이 털과 닮아서 이름이 지어졌어요.

2. 회사에서 최고 권리를 가진 사람이자 책임자.
   예) 내 꿈은 큰 회사의 ○○ 입니다.

4. 음력 5월 5일의 명절.

6. 돼지고기와 쇠고기를 튀긴 것에 소스를 얹거나 찍어서 먹는 중국 음식.
   예) 나는 중국 요리 중 ○○○을 가장 좋아해요.

세로 퍼즐

1. 나이가 많은 할아버지와 할머니를 부르는 낱말.

3. 노래, 음악의 길고 짧은 박자. 빠르고 느린 것에 따라 달라지는 리듬 형태.
   예) 할머니는 가야금 ○○에 춤을 췄습니다.

5. 닭에 인삼, 찹쌀, 대추를 넣어 끓인 건강을 북돋우는 음식.

7. 간단히 메모할 수 있거나 들고 다니는 조그마한 공책. | ㅅ | ㅊ |

년 월 일

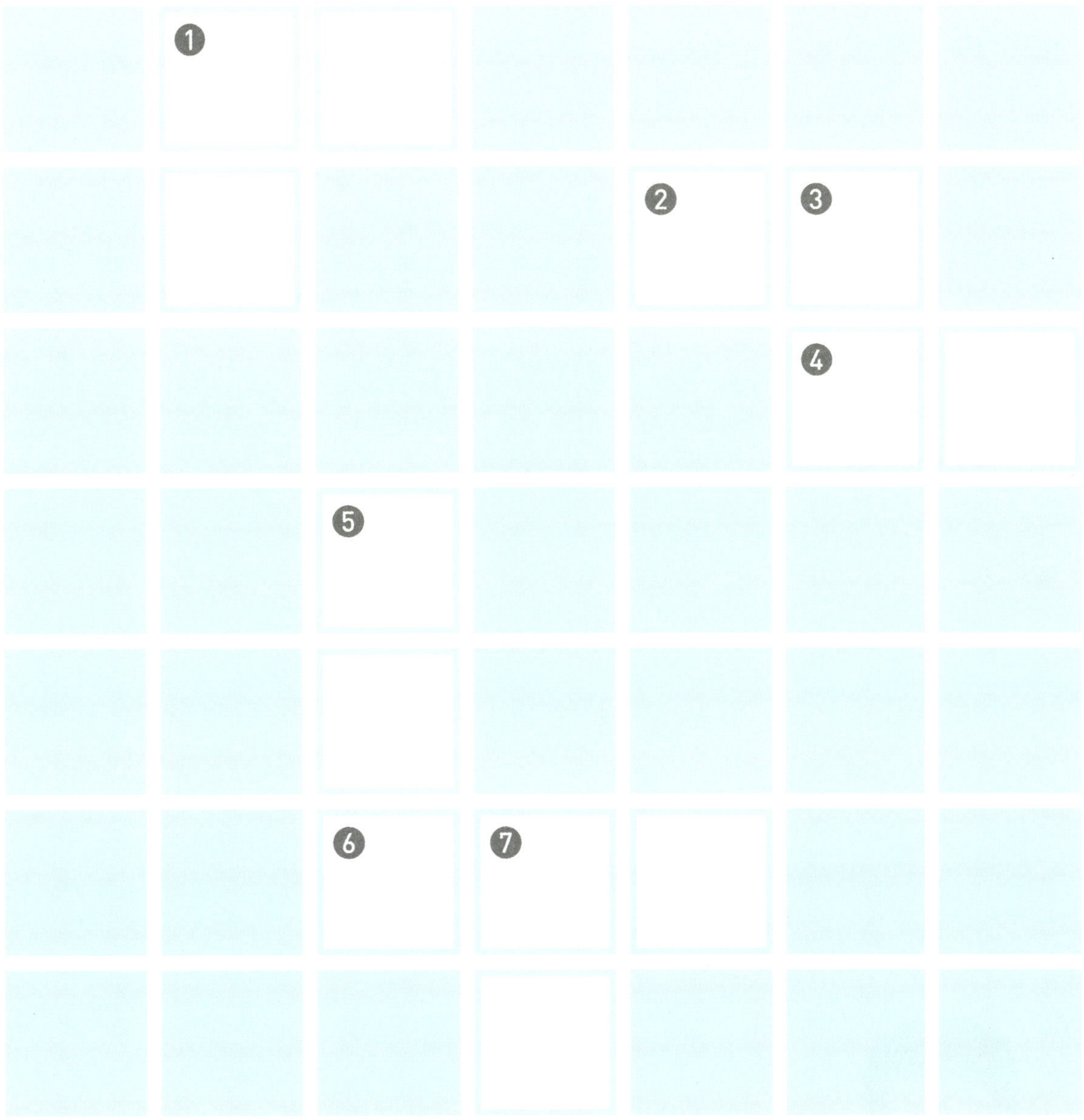

맞춤법 퀴즈 | 알맞은 문장에 V를 하세요.

☐ 엄마는 새벽녘에 일어나서 밥을 짓습니다.
☐ 엄마는 새벽녁에 일어나서 밥을 짓습니다.

40 교과서 낱말 퍼즐

✏️ 가로 퍼즐

① 케첩에 들어가는 재료로, 모양이 둥글고 익으면 붉은색을 띱니다. 씻어 먹거나 익혀 먹으며 건강에 좋은 음식 재료입니다.
② 위에 입는 옷으로, 소매가 없어요. 관) 구명○○, 방탄○○
④ 습지나 냇가에서 자라는 30cm 정도의 식물. 무침을 해 먹거나 해물탕에 넣어 먹어요.
⑤ 바다에서 자라는 미역을 주요 재료로 하여 만든 국.
　예) 생일에는 ○○○을 먹습니다.
⑥ 궁중 음악이나 농악에 사용하던 나팔 모양의 관악기로 구멍이 8개 있어요.
　예) 농악대는 ○○○를 불면서 등장했습니다.

✏️ 세로 퍼즐

① 귀가 길고 털이 하얗고 눈이 빨간 동물.
③ 콩을 그늘에 두고 물을 주어 자란 나물로 만든 국.
　예) 오늘 저녁 반찬은 ○○○○입니다.
⑤ 소리 없이 부드럽게 웃거나 입을 약간 벌리는 웃음. ㅁㅅ

년　　월　　일

❶
❷
❸
❹
❺
❻

맞춤법 퀴즈 | 알맞은 문장에 ∨를 하세요.

☐ 영수는 일찍이 축구에서 두각을 드러냈어요.
☐ 영수는 일찌기 축구에서 두각을 드러냈어요.

41 교과서 낱말 퍼즐

🖍 가로 퍼즐

② 가족처럼 사랑과 정을 나누며 키우는 동물.
예) 우리가 키우던 ○○○○이 하늘나라로 갔습니다.

③ 잘한 일을 인정하거나 좋게 평가하는 것.

⑤ 머리 위로 줄을 돌려 두 발로 줄을 넘는 놀이. 혼자서 넘는 방법과 두 사람이 줄을 돌리면 나머지 사람들이 차례로 넘는 놀이가 있어요.

⑦ 어떤 사람이나 존재를 귀중히 여기거나 매우 좋아하는 마음.
예) 엄마가 ○○과 정성을 가득 담아 저녁을 차려주셨어요.

🖍 세로 퍼즐

① 동화나 전설에 나오는 기이하고 괴상한 생명체.
예) 그 영화는 ○○이 나와서 무서웠어요.

② 나물, 생선, 김치 등 밥과 함께 먹는 음식.

④ 여러 가닥의 줄을 엇감아 만든 두껍고 단단한 줄.
예) 《해와 달이 된 오누이》에서 호랑이는 하늘에서 내려온 ○○○을 타고 올라가려고 했지만 실패했어요.

⑥ 단체로 자고 먹을 수 있도록 만든 시설. | ㄱ | ㅅ | ㅅ |

094

년 월 일

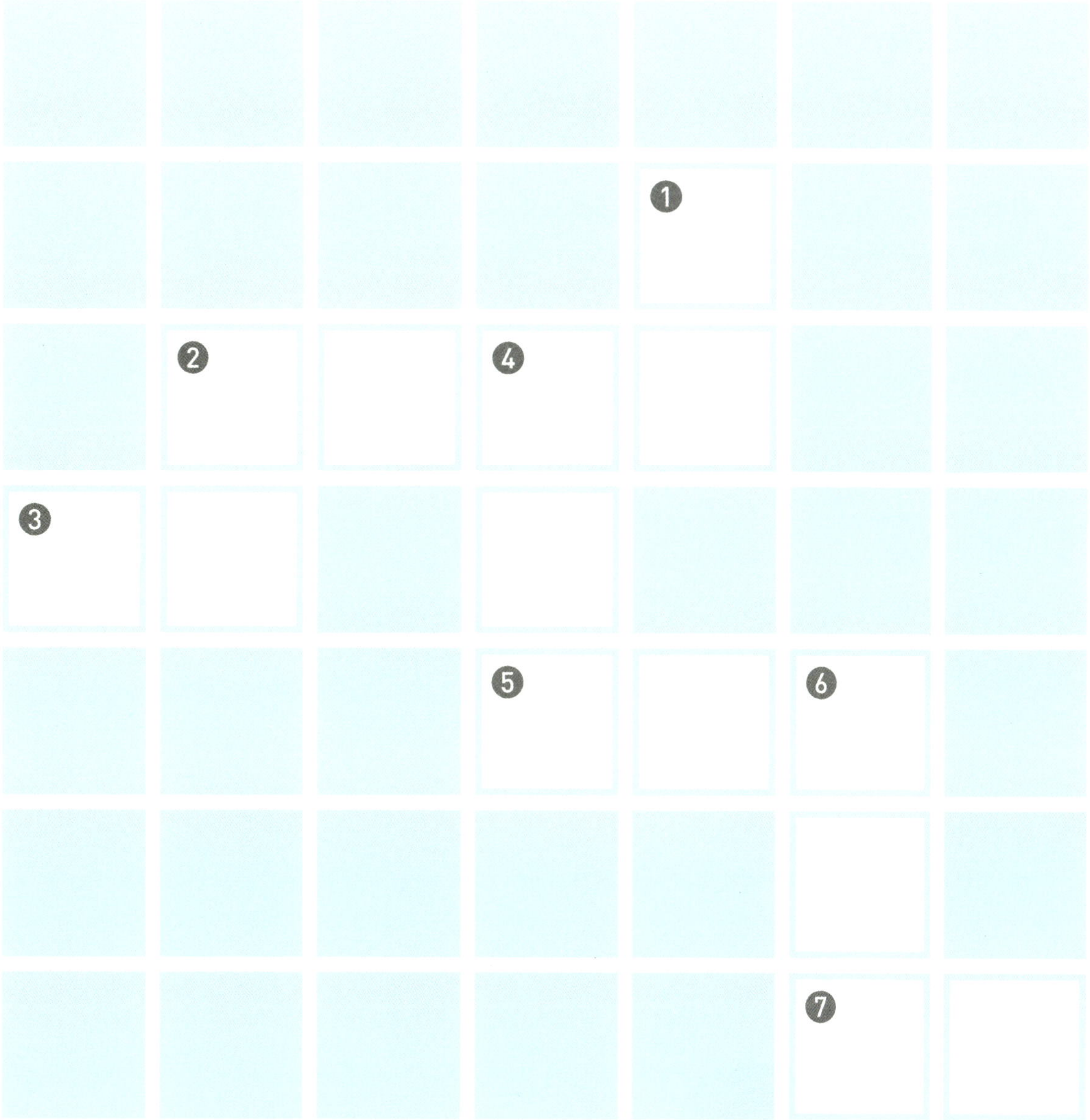

맞춤법 퀴즈 | 알맞은 문장에 V를 하세요.

☐ 깜빡 잃고 버스에 가방을 두고 내렸어요.
☐ 깜빡 잊고 버스에 가방을 두고 내렸어요.

42 교과서 낱말 퍼즐

✏️ 가로 퍼즐

① 이동을 편리하게 하기 위해, 물건을 나르기 위해 둥글게 만든 물건.
　예) 여행 가방의 ○○가 빠져서 망가졌어요.

② 입술을 오므리고 피리와 같은 소리를 내는 것.
　예) 선생님은 호루라기 대신 ○○○으로 아이들을 불러 모았습니다.

④ 빨강, 노랑, 파랑 등 다양한 색을 칠할 수 있는 연필.

⑥ 쌈 싸 먹을 때 먹는 연둣빛의 채소. ㅅ ㅊ

✏️ 세로 퍼즐

① 공기의 흐름이나 움직이는 현상. 여름에는 시원하고 겨울에는 추워요.

③ 밝고 산뜻한 푸른색으로 영어로 'Blue'라고 합니다.

⑤ 매운맛을 내는 채소로, 초록색과 빨간색이 있어요.
　관) 청양○○, 풋○○, 꽈리○○

⑥ 물건을 담는 네모난 것.
　예) 선물 ○○에 무엇이 담겼을지 궁금합니다.

년 월 일

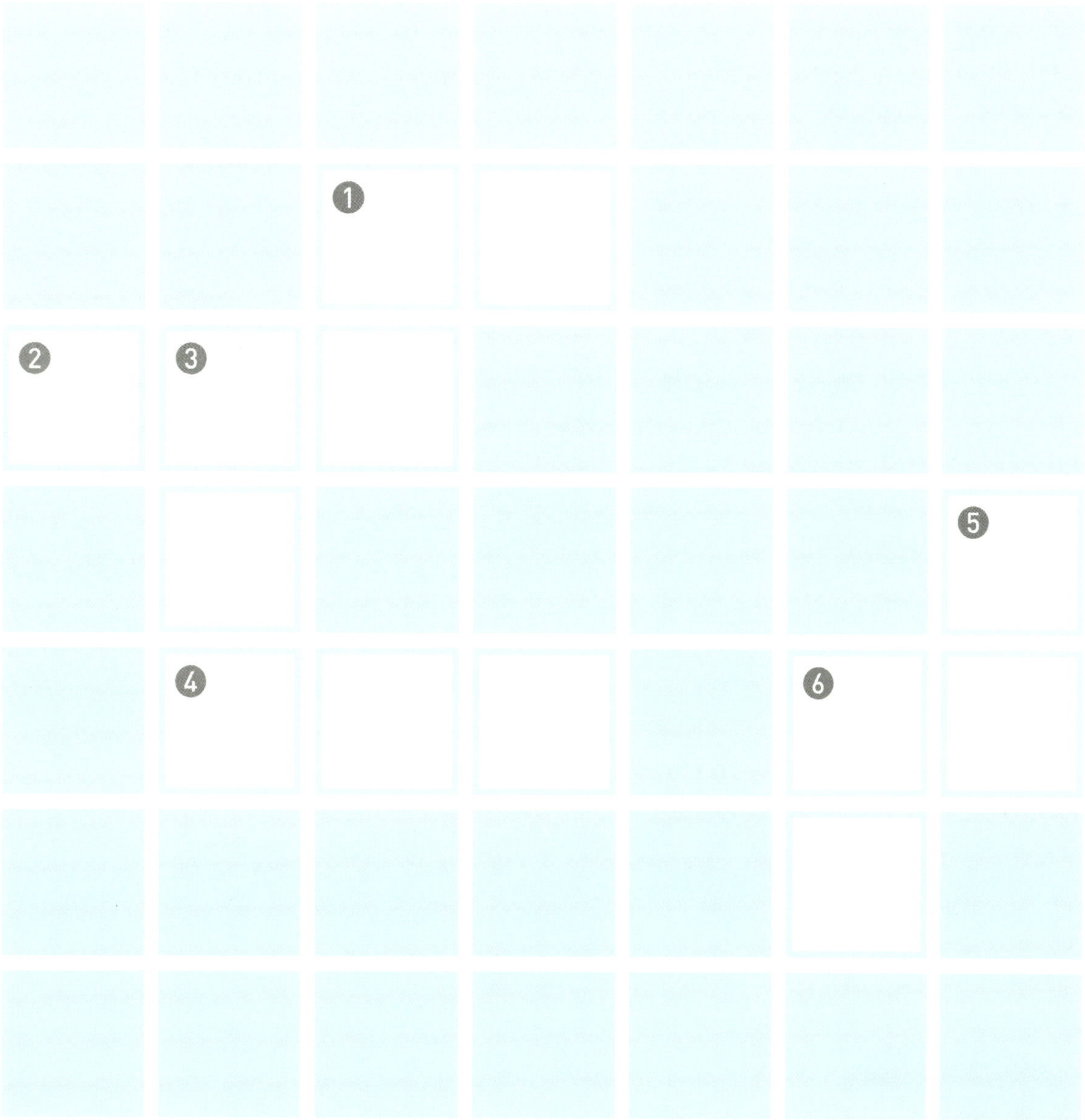

맞춤법 퀴즈 | 알맞은 문장에 ∨를 하세요.

☐ 국자에 설탕을 넣고 계속 젓고 있습니다.
☐ 국자에 설탕을 넣고 계속 젖고 있습니다.

43 교과서 낱말 퍼즐

가로 퍼즐

① 닭과 같은 고기나 생선을 양념 없이 익히거나 끓인 음식.
예) 아빠는 닭○○ 요리를 좋아합니다.

③ 반원 모양의 달.
비) 반월, 상현달

④ 바다에 살며 별 모양을 하며 잘라도 죽지 않고 살아나는 것이 특징입니다.

⑥ 몸이 뚱뚱한 것. 몸속에 지방 조직이 많은 상태. ㅂ ㅁ

세로 퍼즐

② 선생님이 내주는 과제로 가정에서 푸는 학습이나 작업물.

③ 빌리거나 받은 것을 되돌려주거나 도로 갚는 것.
예) 도서관 책은 오전 9시부터 ○○이 가능합니다.

④ 마음에 들지 않고 만족스럽지 않은 것.

⑤ 일정한 질서가 있는 음의 강약과 장단의 유형.
예) ○○에 맞추어 춤을 추었어요.

년　　　월　　　일

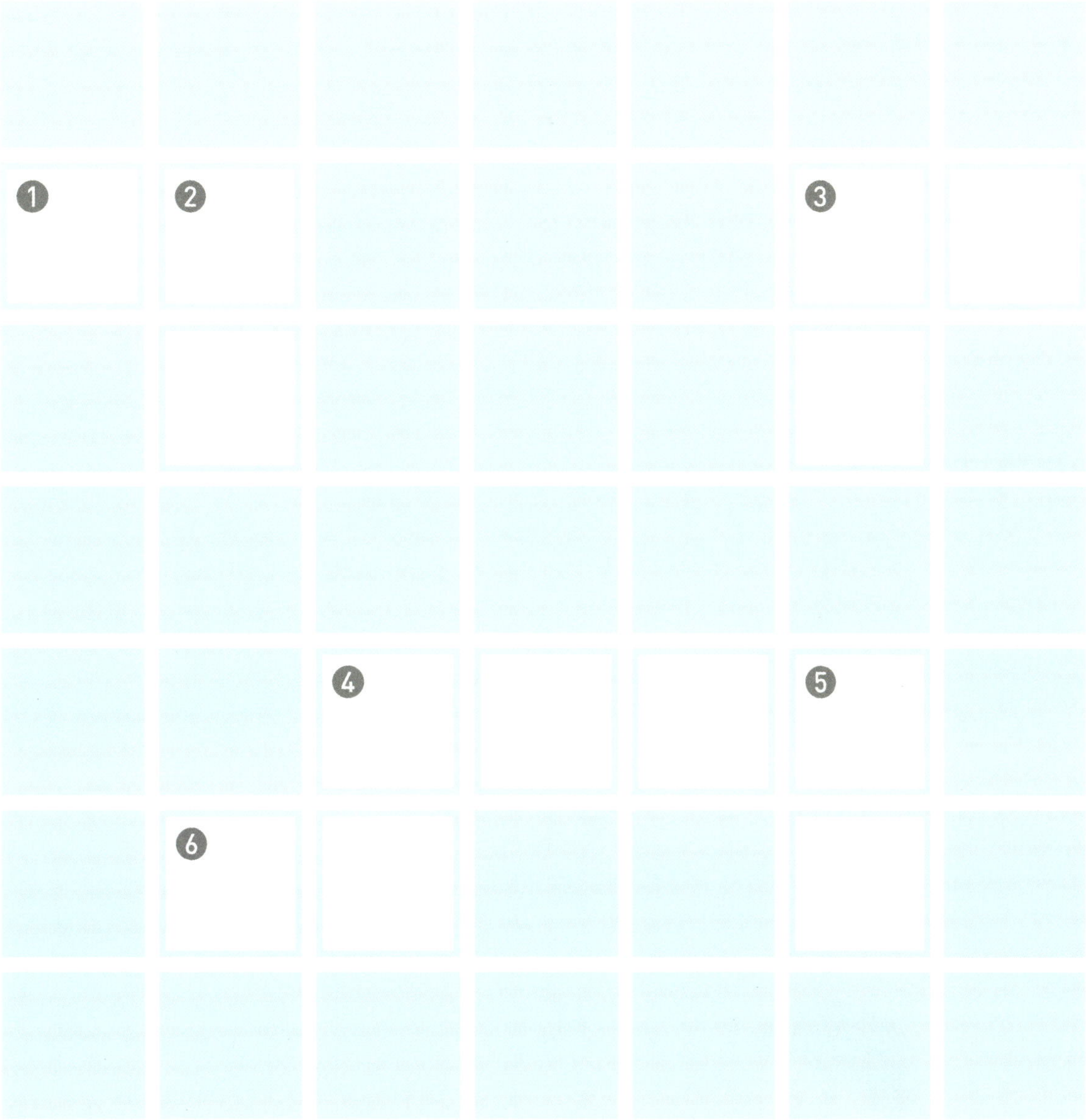

맞춤법 퀴즈 | 알맞은 문장에 V를 하세요.

☐ 낯선 사람을 따라가면 안 돼요.
☐ 낮선 사람을 따라가면 안 돼요.

44 교과서 낱말 퍼즐

✏️ 가로 퍼즐

❷ 비나 눈물이 끊기지 않고 죽죽 흐르는 소리.

❹ 더위를 이기기 위해 삼계탕을 먹는 마지막 복날.
관) 초복, 중복

❻ 온몸이 황금빛이며 소리가 예쁜 새.
예) ○○○ 같은 목소리로 노래를 불렀어요.

✏️ 세로 퍼즐

❶ 옷, 음식, 집을 합하여 부르는 낱말.
예) 대통령은 국민의 ○○○를 해결했습니다.

❸ 검은색과 흰색의 줄무늬가 번갈아 있는 말.

❺ 옛날에 곡식에 물을 담아 흔들어 사용하던 도구로, 복을 준다고 해서 집에 걸어두었어요.
예) 할머니는 설날을 맞아 벽에 ○○○를 걸어두었어요.

❼ 나이가 적은 아이를 귀엽게 부르는 말. ㄲ ㅁ

년　　　월　　　일

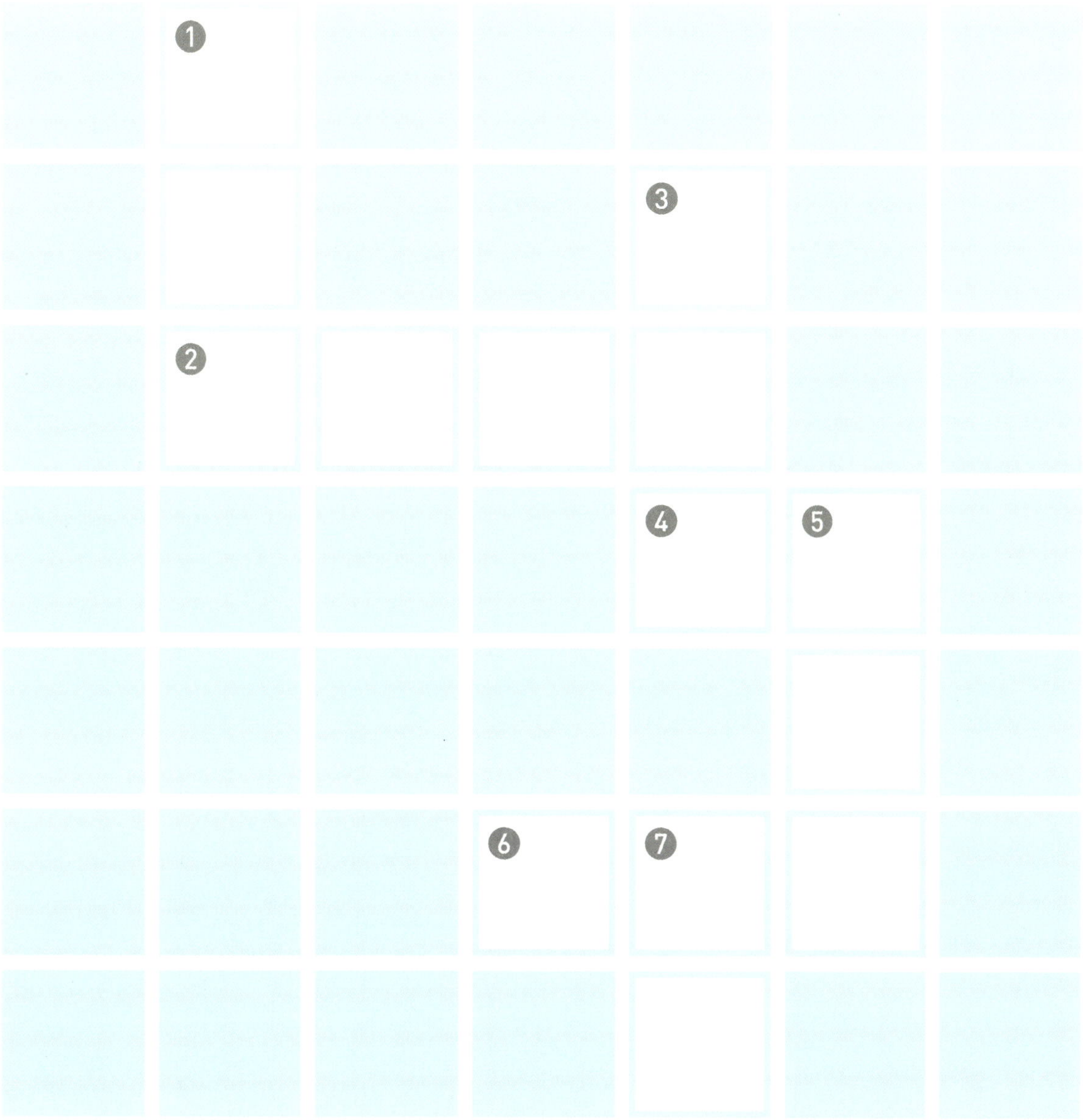

맞춤법 퀴즈 | 알맞은 문장에 ∨를 하세요.

☐ 엄마는 장롱에 옷을 넣습니다.
☐ 엄마는 장농에 옷을 넣습니다.

45 교과서 낱말 퍼즐

가로 퍼즐

① 종을 때리면 나는 소리.

③ 학교에서 공부를 가르치고 학생을 지도하는 분.
예) 수업 중에는 ○○○ 말씀을 집중해서 들어야 해요.

④ 꽃, 풀, 나무처럼 광합성을 하는 생물. 엽록소를 가지고 있으며 동물과 달리 스스로 옮겨 다니질 못합니다.
관) 동물

⑤ 고추장, 된장, 간장을 담은 옹기와 같은 것을 모아 놓은 곳.
예) 할머니는 ○○○에서 된장을 퍼왔습니다.

세로 퍼즐

② 흰색의 조미료로 짠맛이 납니다.

③ 좋은 마음으로, 감사하는 마음으로 다른 사람에게 무언가를 주는 것.

④ 상한 음식을 먹은 후 배가 아프거나 구토, 설사가 생기는 증상.
예) 상한 김밥을 먹고 ○○○이 발생했어요.

⑥ 질문에 말하거나 부르는 말에 응답하는 것. ㄷㄷ

년　　　월　　　일

맞춤법 퀴즈 | 알맞은 문장에 V를 하세요.

☐ 너에게 선물을 줄게.
☐ 너에게 선물을 줄께.

46 교과서 낱말 퍼즐

✏️ 가로 퍼즐

② 나를 지도해 주고 가르쳐 주는 사람. 예) 5월 15일은 ○○의 날입니다.

③ 집이나 건물이 낡아서 쓸모없고 피폐한 곳.
예) 한국전쟁으로 그 마을은 ○○가 되었어요.

⑤ 우리나라, 일본, 중국 등이 위치한 지구 위의 여섯 대륙 중 하나.

⑦ 문제를 풀 때 여러 가지 보기 중 선택할 수 있는 방식.

⑨ 구의 행정 업무를 처리하거나 담당하는 기관.
예) 우리 지역에는 시청, ○○, 동사무소 등의 지방 자치 기관이 있어요.

✏️ 세로 퍼즐

① 얼굴을 가리기 위해, 먼지나 병균을 막기 위해 얼굴에 쓰는 것.

④ 농작물을 먹거나 망치는 참새를 쫓기 위해 사람 모습으로 논밭에 서 있는 것.

⑥ 버스, 기차, 비행기 등 교통수단을 이용하는 손님.
예) 비행기가 결항하여 ○○의 발이 묶여버렸어요.

⑧ 한집에서 밥을 함께 먹는 사람. ㅅ ㄱ

년 월 일

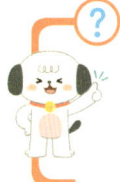

❶						
❷					❸	❹
				❺		
	❻					
	❼		❽			
			❾			

맞춤법 퀴즈 | 알맞은 문장에 V를 하세요.

☐ 나는 남녀 공학 중학교에 갈 예정입니다.
☐ 나는 남여 공학 중학교에 갈 예정입니다.

47 교과서 낱말 퍼즐

✏️ 가로 퍼즐

① 부주의하여 생기는 행동이나 잘못을 일으키는 것.
   비) 착오, 결례, 실책

③ 돈을 지불하거나 물건을 받았음을 증명하는 문서.

④ 어떤 것을 만드는 데 사용하는 것. 들어가는 원료.
   예) 다음 주부터 시장과 슈퍼에서 김장 ○○를 본격 판매합니다.

⑤ 사람이 오랜 기간 생활하거나 살 수 있도록 지은 집.
   예) 아빠는 은퇴 후 전원○○을 지어 살 계획이에요.

⑥ 서로의 어깨 위에 팔을 올리고 가지런히 늘어선 모습. | ㅇ | ㄲ | ㄷ | ㅁ |

✏️ 세로 퍼즐

② 팔다리를 사용하여 물속을 이동하거나 헤엄치는 것.

④ 회사에 출근하지 않고 집에서 회사 일을 하는 것.
   예) 코로나19로 인해 이모는 ○○○○를 하고 있어요.

년 월 일

❶	❷					
	❸					
					❹	
				❺		
		❻				

맞춤법 퀴즈 | 알맞은 문장에 V를 하세요.

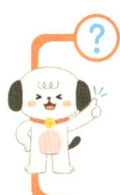

□ 병은 금세 나아졌습니다.

□ 병은 금새 나아졌습니다.

48 교과서 낱말 퍼즐

🖊 가로 퍼즐

① 인구와 주택이 집중되어 있고, 경제·사회·교통의 중심이 되는 장소.
예) 엄마는 시골보다는 ○○가 더 살기 편하다고 말씀하세요.

② 바라는 일이 이뤄지기를 기대하는 것. 미래에 잘될 거라는 가능성.

③ 생각이나 원하는 바가 달라 충돌하거나 대립하는 것.
예) 임금 인상 문제로 노사 ○○이 심해지고 있습니다.

⑤ 문반과 무반을 합친 낱말로, 옛날에 지위가 높고 신분이 높은 계층.
예) 요즘에는 ○○ 가문과 노비 가문을 구별하는 것은 의미가 없어요.

🖊 세로 퍼즐

① 달아나거나 내빼는 것.

② 어떤 일이나 남을 위해 자기의 이익, 재산, 목숨 등을 포기하거나 내주는 것.
예) 한국전쟁 참전 용사의 ○○을 기립니다.

③ 물가나 습지에 자라는 잎이 길고 가느다란 억새와 비슷한 식물.

④ 과일이나 차 등을 나르거나 다른 그릇을 받칠 때 사용하는 얇고 평평한 그릇.
ㅈ ㅂ

108

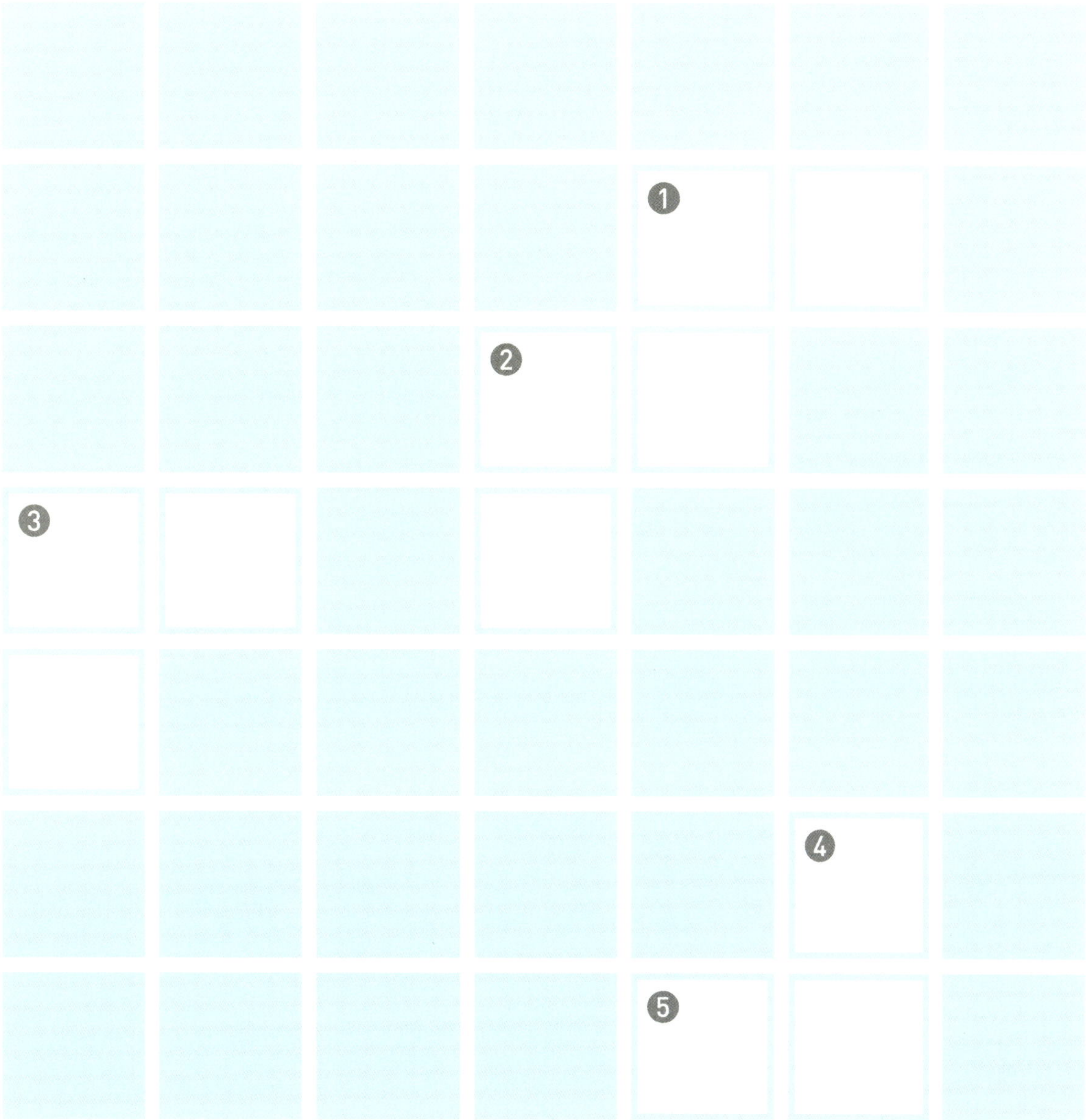

					❶		
				❷			
❸							
						❹	
					❺		

맞춤법 퀴즈 | 알맞은 문장에 V를 하세요.

☐ 공부하라고 닥달하지 마세요.
☐ 공부하라고 닦달하지 마세요.

정답

7쪽
- ❶ 가 ❷ 방
- ❸ 학 예 회
- ❹ 문 ❺ 어
- ❻ 머 리
- ❼ 석 가 모 니

9쪽
- ❶ 정 리
- ❷ 공 원
- ❸ 그 릇
- 림   ❹ 병 풍
- ❺ 승 무 원

맞춤법 퀴즈 ▶ 7쪽 : 깨끗이 | 9쪽 : 가르칩니다

11쪽
- ❶ 고
- ❷ 구 름
- 마   ❸ 도 ❹ 토 리
-           요
-       ❺ 생 일
-       ❻ 투 명
-           구

13쪽
- ❶ 자 라
-     디
- ❹ 복 ❺ 아   ❸ 오 이
-     버
-     ❻ 지 우 ❼ 개
-     ❽ 나 뭇 잎
-         리

맞춤법 퀴즈 ▶ 11쪽 : 다행히 | 13쪽 : 북엇국

15쪽
- ❶ 주   ❸ 카
- ❷ 인 사   ❹ 메 뉴
-     공   라
- ❺ 화 장 실 ❼ 개 ❽ 구 리
-     갑   슬
-                   비

17쪽
- ❶ 할 ❷ 아 버 ❸ 지
-       주   팡
-       머   이
-       니
- ❹ 교 ❺ 실
-     내   ❻ 뒤 꿈 ❼ 치
-                   과

맞춤법 퀴즈 ▶ 15쪽 : 돈가스 | 17쪽 : 반가워

정답

19쪽

① 깃
② 발 ③ 명　　　　　　⑧ 간
　　　④ 예 방　　　⑦ 농 부
　　　⑥ 해 수 욕 장

23쪽

① 도 깨 비
　 화 　 석
　 지 　 치
　　　 ③ 기 ④ 차
　　　 ⑤ 이 야 기
　　　　　 구

맞춤법 퀴즈 ▶ 19쪽 : 해님 | 23쪽 : 더욱이

25쪽

① 반 쪽 반 ② 짝
　 드 　　 꿍
　 시
③ 운　　　　⑥ 두
④ 동 ⑤ 생　　　루
　 선 　⑦ 귀 뚜 라 미

27쪽

① 너　　　　③ 신 발 장
　 구　　　　　 사
② 리 모 컨　　 임
　　　　④ 당 ⑤ 근
　　　　　　 면
　　　　⑥ 베
　　　　⑦ 개 구 쟁 이

맞춤법 퀴즈 ▶ 25쪽 : 꽂았습니다 | 27쪽 : 붙였어요

29쪽

　　　　① 나
　② 신 데 렐 라
　　 호
　③ 초 등 학 교
　　　　④ 실 ⑤ 험
　　　　⑥ 담 임

31쪽

① 미 아
　 끈
② 간 지 럼　　　④ 공
　　　③ 틀 니　⑤ 자 연
　　　　　　　　 전
　　　　　　　⑥ 거 리

맞춤법 퀴즈 ▶ 29쪽 : 로봇 | 31쪽 : 바람

정답

33쪽

①가위바위보
운 인
데 ③전 ④시
     ⑤계 ⑤산
        사
     ⑦명 태

35쪽

  ①모 ②과
    수   ⑦바 지
  ③동 ④물 원   닷
    고   가
  ⑤기 차 ⑥표
        지
        판

맞춤법 퀴즈 ▶ 33쪽 : 멋쟁이 | 35쪽 : 깎았어요

37쪽

①아 저 씨
이   ⑥크
스   레
②크 기 ⑦소 파
림 ③캠   스
    핑 ⑤물
  ④장 난 감

39쪽

    ①만 세
    ②구 두
      경
③돌 잔 치 ④다 리 미
잡   짐
이

맞춤법 퀴즈 ▶ 37쪽 : 느립니다 | 39쪽 : 다립니다

41쪽

  ①나 ②비
     행
③도 ④자 기
  동   ⑥노 래
  ⑤차 례   란
  ⑦보 라 색

45쪽

    ①동 그 라 미
      화
  ②만 화 책   ⑤딸
         ③거 ⑥기 ⑦부
            북   모
         ④가 마 놀 이 님

맞춤법 퀴즈 ▶ 41쪽 : 잠급니다 | 45쪽 : 곰곰이

112

정답

47쪽

❶자 ❷두
   　　　더
   ❸지 ❹도
   　　　시
   　　❺손 가 락
❼약　　바
❻속 닥 속 닥

49쪽

❶초 콜 릿　　❹구 슬
　　　록　　　　멍
❷색 ❸칠
　　　판　　❺공
　　　　　　　놀
　　　　❻종 이 컵

맞춤법 퀴즈 ▶ 47쪽 : 나무꾼 | 49쪽 : 졸였습니다

51쪽

　　❶출
　　　발
❷대 각 선
피　　　　❻간 장
❸소 꼽 놀 ❹이 　 호
　　　　❺마 술 사

53쪽

❶낭 ❷송
　　　아
　　❸지 게　　❹주 인
　　　　　　❺어 제
　　　　　　　린
　　　　　　❻이 틀 날

맞춤법 퀴즈 ▶ 51쪽 : 돋보기 | 53쪽 : 뒷사람

55쪽

　　❶입
　　❷학 ❸용 품
　　　　서
❹깍 ❺두 기 ❻목 ❼소 리
　　　꺼　　　　방
　　　비　　　❽서 점

57쪽

　　　　❶모 자
　　　　　금
　　　❷사 물 함
　　　　인　　❺바 닥
　　　❸펜 ❹싱　　람
　　　　　크　　개
　　　　　대　　비

맞춤법 퀴즈 ▶ 55쪽 : 메고 | 57쪽 : 벗어요

정답

59쪽

	❶엄	지	손	❷가	락
	마			르	
		❸꼭	대	기	
	❹앵	두			
		각			
		❺시	❻장		
			소		

61쪽

	❶불	❷꽃		
		송		
	❸고	❹양	이	
		치		
	❺질	❻문		
	❼지	렁	❽이	
		기	름	

맞춤법 퀴즈 ▶ 59쪽 : 배었어요 | 61쪽 : 셋째

63쪽

	❶율	❷동			
		❸의	❹사		
		❺과	❻일		
			요		
❼오	❽스	트	레	일	리	아
		럭			

67쪽

	❶스			
	키			
❷운	❸동	장	❹스	펀	지
	네		케	
			❺치	료
❻동	서	❼남	북	
		매		

맞춤법 퀴즈 ▶ 63쪽 : 발레 | 67쪽 : 솔직히

69쪽

	❶구			
	구	❸꽃		
	❷단	❹풍	잎	
		선		
❺비	상	구	❻꽃	다	❼발
빔					바
밥					닥

71쪽

	❶초			❻내	❼일
	인				
❷고	종	❸사	촌		회
		다		❽인	용
	❹리	❺본			품
		보			
		기			

맞춤법 퀴즈 ▶ 69쪽 : 지그시 | 71쪽 : 빌었어요

정답

73쪽

① 미술
② 술래
③ 잡지
④ 국기
⑤ 요정리
⑥ 눈사람
썰매

75쪽

① 입
② 콧구멍
③ 구멍
④ 코
노래
석
버스
모
⑤ 버스모
⑥ 플라스틱
랫
폼

맞춤법 퀴즈 ▶ 73쪽 : 썰어요 | 75쪽 : 할인율

77쪽

⑦ 안전
① 돌보기
② 보습
내판
③ 제주도
④ 주도
사
⑤ 위
⑥ 치마

79쪽

① 친구
② 구명조
⑦ 첨가
성대
③ 도끼질
④ 질
⑤ 경찰서
⑥ 서비스
이

맞춤법 퀴즈 ▶ 77쪽 : 맺혔어요 | 79쪽 : 봬요

81쪽

① 무늬
궁
② 실내화
③ 앙
⑤ 호수
④ 꼬부랑
⑥ 이불

83쪽

① 바다
늘
② 상처
상
③ 색종이
⑤ 모서리
⑥ 리
울

맞춤법 퀴즈 ▶ 81쪽 : 쑥스러워요 | 83쪽 : 똑딱똑딱

정답

85쪽

① 연날리기
② 기념품
③ 하늘
④ 주황색
⑤ 황토
⑥ 태권도
⑦ 권투

89쪽

① 교통안전
② 전자시계
③ 자신감
④ 감사
⑤ 사촌
⑥ 초대장
⑦ 농악대

▶ 맞춤법 퀴즈 ▶ 85쪽 : 열심히 | 89쪽 : 째째하게

91쪽

① 노루
② 사장
③ 장단
④ 단오
⑤ 삼계탕
⑥ 탕수육
⑦ 수첩
· 노인

93쪽

① 토마토
② 조끼
③ 콩
④ 미나리
· 물
⑤ 미역국
⑥ 태평소

▶ 맞춤법 퀴즈 ▶ 91쪽 : 새벽녘 | 93쪽 : 일찍이

95쪽

① 괴물
② 반려동물
③ 칭찬
④ 동아줄
⑤ 줄넘기
· 기숙사
⑥ 넘사
⑦ 사랑

97쪽

① 바퀴
② 휘파람
③ 파란
④ 색연필
⑤ 고추
⑥ 상추자

▶ 맞춤법 퀴즈 ▶ 95쪽 : 잊고 | 97쪽 : 젓고

정답

99쪽

	❶백	❷숙			❸반	달
		제			납	
			❹불	가	사	리
	❺비	만			듬	

맞춤법 퀴즈 ▶ 99쪽 : 낯선

101쪽

	❶의				
	식			❸얼	
	❷주	룩	주	룩	
			❹말	❺복	
				조	
		❻꾀	❼꼬	리	
			마		

맞춤법 퀴즈 ▶ 101쪽 : 장롱

103쪽

	❶종	❷소	리		
		금			
			❸선	생	님
			❹식	물	
			중		
	❺장	독	❻대		
			답		

맞춤법 퀴즈 ▶ 103쪽 : 줄게

105쪽

	❶마				
❷스	승			❸폐	❹허
크					수
			❺아	시	아
	❻승				비
	❼객	관	❽식		
			❾구	청	

맞춤법 퀴즈 ▶ 105쪽 : 남녀

107쪽

❶실	❷수			
	❸영	수	증	
		❹재	료	
		❺주	택	
			근	
	❻어	깨	동	무

맞춤법 퀴즈 ▶ 107쪽 : 금세

109쪽

		❶도	시	
		❷희	망	
		생		
	❸갈	등		
	대			❹쟁
			❺양	반

맞춤법 퀴즈 ▶ 109쪽 : 닦달하지

어휘력과 맞춤법을 한 번에 잡는 교과서 낱말 퍼즐

두뇌 똑똑 재치 톡톡 정답

20쪽

짓습니다 / 짓습니다 / 짖습니다 / 짓습니다 / 짖습니다

쇠고기 / 소고기 / 강낭콩 / 손톱깎이

21쪽

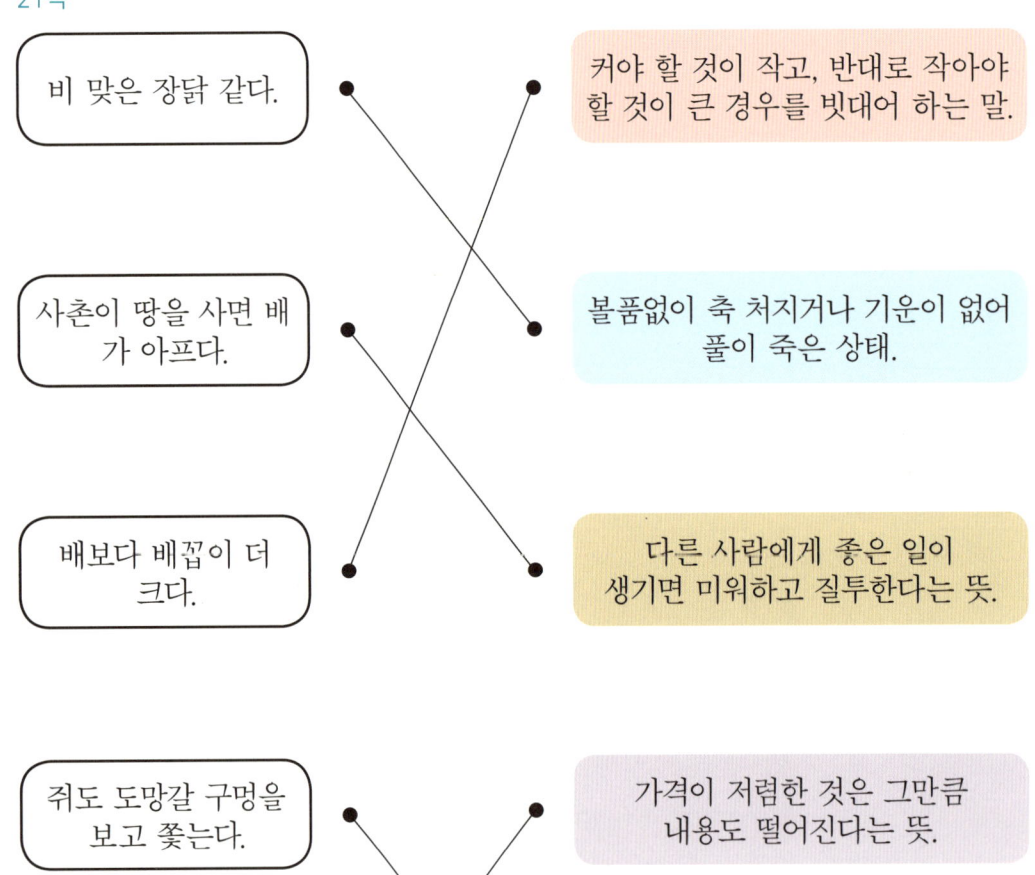

42쪽

말 / 쥐 / 바람 / 열 / 새 / 연기 / 개 / 둘 / 떡잎 / 수레

43쪽

까마귀 / 우물 / 오리발 / 고추 / 호랑이 / 세 / 소

두뇌 똑똑 재치 톡톡 정답

64쪽
그림의 떡 / 치과 / 멕시코 / 파도가 칠 때 바위에 부딪혀 멍이 들어서
백조 / 아야어여오요우유 / 연산군 / 머리

65쪽
우산 / 사자 / 허우적 / 허수 / 그림자 / 판다 / 천도복숭아

86쪽

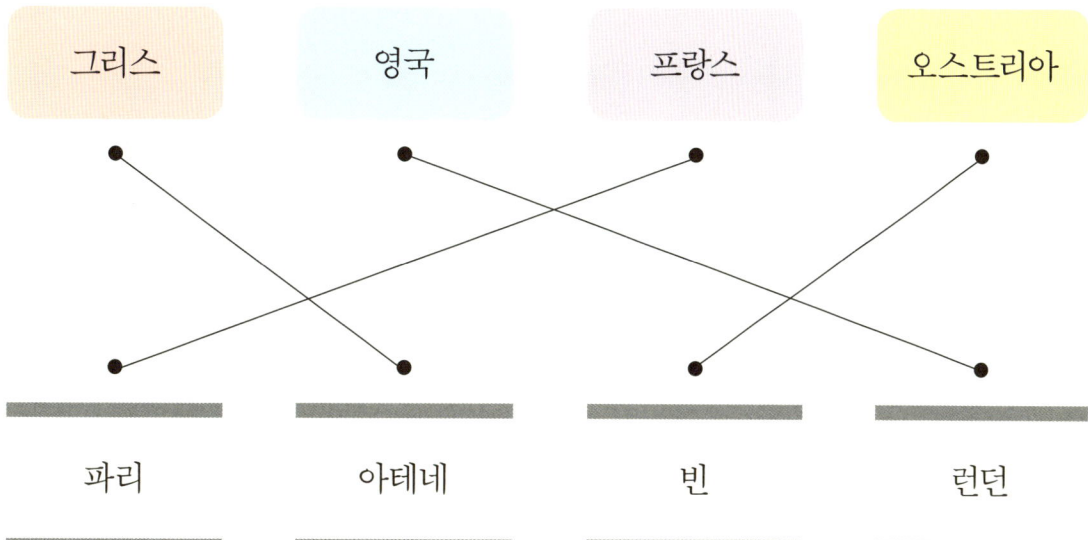

87쪽

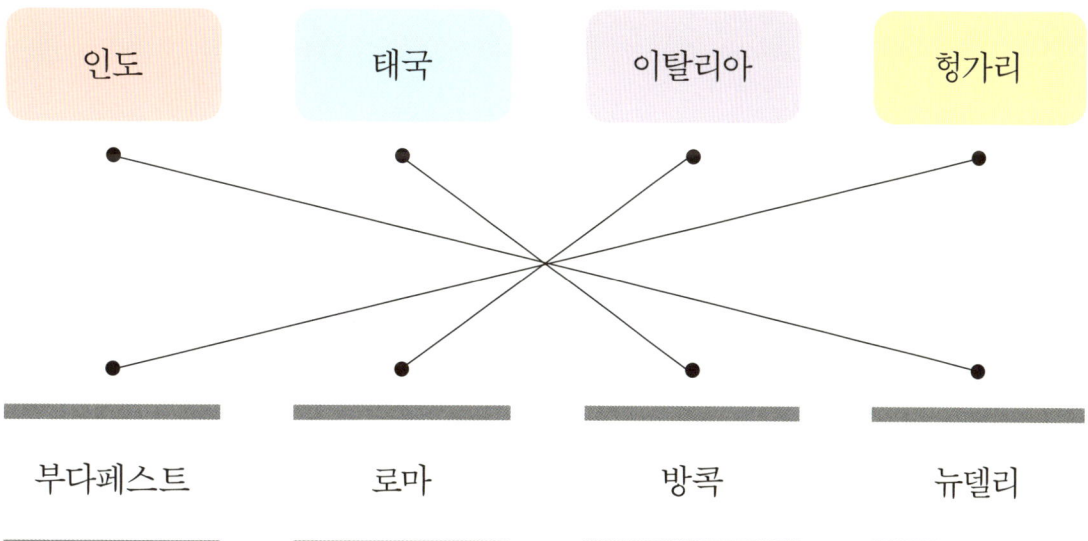

'책읽는달'은 달이 뜨는 밤까지 책을 읽는 어린이를 좋아합니다.
시간 가는 줄 모르고 읽는 재미있는 책, 지혜로운 책을 지향합니다.

기초 튼튼 실력 빵빵 시리즈

어휘력과 맞춤법을 한 번에 잡는
교과서 낱말 퍼즐 1단계

초판 1쇄 인쇄 : 2023년 2월 3일
초판 1쇄 발행 : 2023년 2월 10일

지은이 : 달빛교육학습연구소
그린이 : 류미선
펴낸이 : 문미화
펴낸곳 : 도서출판 책읽는달
주　소 : 서울 서대문구 가재울로 45, 105-1204
전　화 : 02)326-1961 / 02)326-0960
팩　스 : 02)6924-8439
전자우편 : booknmoon2010@naver.com
블 로 그 : http://blog.naver.com/booknmoon2010
출판신고 : 2010년 11월 10일 제2016-000041호

ⓒ달빛교육학습연구소, 2023

ISBN 979-11-85053-55-4 74370
ISBN 979-11-85053-54-7 74370 (세트)

*이 책의 무단전재와 무단복제를 금하며, 책 내용의 전부 또는 일부를 이용하려면 반드시 책읽는달의 동의를 받아야 합니다.
*잘못된 책은 본사나 구입하신 곳에서 바꾸어 드립니다. 책값은 뒤표지에 있습니다.
*책읽는달은 여러분의 아이디어와 원고를 기다리고 있습니다. 소중한 책으로 남기고 싶은 아이디어나 원고가 있으신 분은
booknmoon2010@naver.com으로 보내주세요

어린이제품안전특별법에 의한 표시사항

제조자명 도서출판 책읽는달 **주소** 서울 서대문구 가재울로 45, 105-1204
전화 02)326-1961 **제조연월** 2023년 2월 **제조국** 대한민국 **사용연령** 7세 이상
⚠ 주의 책을 떨어뜨리거나 던져서 다치지 않게 주의하세요. 책을 입에 물지 마시고 책에 손이 베일 수 있으니 주의하세요.